멀리 있지만 너무 궁금한

미신 이야기

샐리 쿨타드 지음 ㅣ 서나연 옮김 ㅣ 칼 제임스 마운트포드 그림

믿긴 싫지만 너무 궁금한
미신 이야기

THE HISTORY OF COMMON FOLK BELIEFS / SUPERSTITION

태ㅁ
TAEM

LIGHT

DARK

LIGHT

Introduction_

내 첫째 딸 매디는 아주 자그만 몸으로 태어났다. 한 달 일찍 세상에 나오는 바람에 심각한 저체중이었다. 간호사는 내 품에서 딸을 낚아채어 인큐베이터로 옮겼다. 설령 걱정거리 한 톨 없는 내 인생 최고의 순간이었더라도 엄마가 된다는 것은 그 자체만으로 당황스러운 경험이다. 내 힘으로 할 수 있는 일이 거의 없었다. 내가 기다리는 것은 아기를 안고 집으로 돌아가는 순간뿐이었다.

나는 천성적으로 미신과 거리가 먼 사람이었다. 하지만 그때는 뭔가에 이끌린 사람처럼 나무를 만지며 행운을 빌었다. 간호사든 누구든 '어머님께서 아가를 집에 데려가시면……'이라고 말할 때마다 나는 막연히 피어나는 불안감을 막아보려고 필사적으로 탁자 상판이나 의자 다리를 찾아서 두드렸다.

13년이 지난 지금도 나는 나무를 만진다. 물론 자주 그러는 편은 아니다. 그렇다고 굳이 불길한 행동으로 운명을 시험하고 싶지도 않다. 스스로 이성적인 무신론자라고 생각하는 사람으로선 앞뒤가 맞지 않는 행동이기는 하다. 그런데 나만 그런 건 아닌 듯하다. 지인들 중에도 좋은 교육을 받고, 탁월한 분별력을 갖추었지만 미신으로부터 자유롭지 못하거나 징크스에 영향을 받는 이들이 많다. 제빵사로 일하는 내 친구는 바닥에 칼을 떨어뜨렸으나 직접 주울 수 없었다. 그 행위가 불길하다는 말을 들으며 자랐기 때문에 누군가 올 때까지 기다릴 수밖에 없었다.

21세기를 살아가는 우리는 여전히 뿌리 깊이 자리 잡은 오래된 믿음들을 떠나보낼 준비가 되지 않은 것 같다. 하트퍼드셔 대학교의 리처드 와이

즈먼 교수가 실시한 최근 조사에 따르면 민간 신앙은 여전히 건재하다. 응답자의 4분의 3이 넘는 사람들이 어떤 식으로든 미신의 영향을 받는다고 말했다. 또 연구 결과, 나무를 만지는 것이 영국에서 가장 흔한 미신이라는 사실이 밝혀졌다(휴우, 나만 그런 것이 아니었다.). 검지와 중지를 교차시키는 것, 사다리 밑으로 통과하지 않는 것, 깨진 거울, 행운의 부적, 숫자 13에 관한 미신 등이 아슬아슬하게 뒤를 이었다. 그리고 이와 유사한 다른 조사에서는 미국인의 40퍼센트가 스스로를 '미신을 잘 믿는 편'이라고 답했다.

그래서 나는 이런 생각을 하게 되었다. 왜 현대 사회에 사는 우리가 이 모든 과학적 지식과 경험에도 불구하고 여전히 미신을 믿는 걸까? 그 의문점을 이해하려면 사람들이 무엇을 얻기 위해 미신을 믿는지 알아볼 필요가 있다.

미신을 믿는 여러 이유 중에서 가장 분명한 한 가지는 그것이 어려운 질문에 대한 답을 주기 때문이라는 것이다. 과학이 발달하기 전, 사람들은 이상한 기상현상을 비롯해 기이한 질병에 이르는 난해한 문제를 미신을 통해 이해했고, 미신을 통해 힘을 부여받았다고 여겼다. 어린이가 알 수 없는 질병으로 죽거나 마을에 흉년이 들었을 때 미신은 개인이나 공동체가 책임에서 벗어나게 도와주는 유용한 수단이었다. 미신은 공허함을 채워주고 불안을 없애준다. 하지만 이제 우리는 무지개가 뜨는 이유도 알고, 소아 질병에 대처하는 법도 알고 있다. 그럼에도 미신이 여전히 지배력을 행사하는 이유는 무엇일까?

와이즈먼 교수의 조사에서 발견한 흥미로운 사실이 있다. 미신을 잘 믿는 사람들은 내일에 대한 걱정이 많은 동시에 삶에 대한 통제 욕구가 강했다(나도 그 중 하나다.). 불확실성이 커질수록 사람들은 자기 삶을 스스로 제어할 수 있다는 믿음을 갖기를 바란다. 의외로 젊은 사람들이 나이 든 사람들보다, 또 여성이 남성보다 미신을 잘 믿는 경향을 보인다. 이 통계는 임금 불평등, 교육 기회, 부의 분배, 보육 방식, 고용 기회 따위의 문제가 산적한 현대 사회에서 여성과 젊은이들이 심리적으로 흔들리고 있음을 알려주는 것처럼 보인다. 또한 불황기나 국가적 위기의 시기에는 주술적 행위가 증가한다는 점도 주목할 만하다.

어떤 경우에는 미신이 긍정적인 마인드 형성에 도움이 되고, 심지어 결과에까지 영향을 끼치기도 한다. 예컨대 행운의 속옷을 입은 육상선수는 자신감으로 불타오르며, 그 덕분에 경주로에서 더 빨리 달릴 수 있다. 나무를 만지거나 성호를 긋는 따위의 의례적 행위 역시 불안을 덜어주고 집중력을 높이는 데 도움이 된다(물론 깜빡 잊고 행운의 속옷을 입지 않거나 그 의례를 빠뜨린다면 자신감이 곤두박질치고 시합을 망칠 수도 있다.

종교적 신앙과 미신 사이에는 어떤 연관이 있는 것처럼 보인다. 여러 종교들, 그 중에서도 특히 유일신을 믿는 종교에서는 신도들이 미신에 빠지는 것을 막으려고 필사적으로 노력해왔다. 기독교와 같은 일신교보다 앞선 고대의 신앙 체계에서는 '정령 신앙'(animism, 사물과 생물과 장소에 모두 영적인 힘이 깃들어 있다는 생각)을 믿거나, 복수의 신과 신적인 존재들을 숭배하는 일이 흔했다. 고대의 믿음은 잘 조직된 새로운 종교와 맞지 않았다. 신흥 종교들은 수세기에 걸쳐 미신적인 신앙을 억압하려고 노력했지만 그리 성공적이지 못했다. 종교와 미신은 공존했다고 보는 게 진실에 가까운 이야기다. 대부분의 사람들은 아무 문제없이 양쪽 모두를 믿었다. 예를 들어 중세 사람들은 교회에 가서 예배를 드리는 한편, 그 교회의 돌 벽에 마녀의 표지를 새겨 넣었다. 최근 미국에서 실시한 조사에 따르면, 신앙을 가진 사람들이 미신에도 잘 빠지는 경향이 있는 것처럼 보인다.

물론 현대인에게는 도저히 받아들이기 힘든 미신들도 있다. 반면 상식적인 구석이 있는 '더 무던한' 민간 신앙들도 많다. 사다리 아래로 지나가지 않는 것이나 실내에서 우산을 펴지 말라는 것은 얼핏 보기에도 합리적이다. 또한 임신과 위생, 음식에 관한 몇몇 미신들은 납득할 만한 근거는 없더라도 어쨌든 사람들이 좋은 생활습관을 유지하는 데 도움이 되었다.

　이런 여러 이유가 있으므로 지금이라도 미신에 한 자리를 떼어주어야 하는 걸까? 아마도 아닐 것이다. 빛이 어둠을 몰아내듯이 교육과 지식이 초자연적인 설명을 대체했다면 말이다. 하지만 우리는 여전히 이 오래된 믿음들의 흔적에 고집스럽게 매달린다. 어쩌면 다가올 미래에 대해서는 언제나 수동적 입장에 처해 있는 인간으로서는 더 큰 존재에 의지하려는 마음을 본능처럼 갖고 태어난 것인지 모른다. 아니면 손해를 보지 않으려고 양다리를 걸치고 있는 것인지도 모른다. 혹은 미신은 미신일 뿐임을 잘 알면서도, 아무것도 하지 않기보다는 뭔가를 하는 편이 더 낫다고 느끼기 때문일 수도 있겠다.

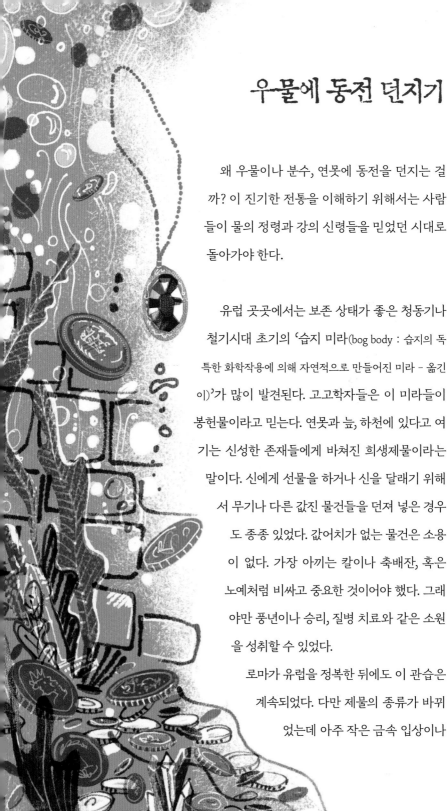

우물에 동전 던지기

왜 우물이나 분수, 연못에 동전을 던지는 걸까? 이 진기한 전통을 이해하기 위해서는 사람들이 물의 정령과 강의 신령들을 믿었던 시대로 돌아가야 한다.

유럽 곳곳에서는 보존 상태가 좋은 청동기나 철기시대 초기의 '습지 미라(bog body : 습지의 독특한 화학작용에 의해 자연적으로 만들어진 미라 - 옮긴이)'가 많이 발견된다. 고고학자들은 이 미라들이 봉헌물이라고 믿는다. 연못과 늪, 하천에 있다고 여기는 신성한 존재들에게 바쳐진 희생제물이라는 말이다. 신에게 선물을 하거나 신을 달래기 위해서 무기나 다른 값진 물건들을 던져 넣은 경우도 종종 있었다. 값어치가 없는 물건은 소용이 없다. 가장 아끼는 칼이나 축배잔, 혹은 노예처럼 비싸고 중요한 것이어야 했다. 그래야만 풍년이나 승리, 질병 치료와 같은 소원을 성취할 수 있었다.

로마가 유럽을 정복한 뒤에도 이 관습은 계속되었다. 다만 제물의 종류가 바뀌었는데 아주 작은 금속 입상이나 장신구, 소형 연장, 철필(필기구의 초기 형태), 동전 등을 바쳤다. 당시에는 대장장이의 기술을 신비롭고 초자연적인 것으로 여겼기 때문에 철로 만든 것이라면 무엇이든 제물로 적합했다. 실례로 영국 배스(Bath)의 로마 목욕탕(Roman Baths)에 있는 '신성한 샘' 안에서는 1만 2천 개가 넘는 고대 동전이 수많은 저주 서판들과 함께 발견되기도 했다. 사람들은 납이나 백랍으로 만든 넙적한 판에 저주의 주문을 새긴 다음 돌돌 말아 미네르바 여신의 보금자리인 이 샘으로 던져 넣었다.

우물 역시 봉헌물을 바치는 장소였다. 로마 시대의 여러 우물에서는 사람의 머리를 비롯하여 개, 도자기, 철제 도구에 이르는 다양한 제물이 발견되었다. 우물을 처음 팠을 때나 혹은 메마른 우물 바닥이 다시 채워지려고 할 때 제물을 바쳤는데, 어떤 경우든 앞으로 받게 될 물이나 그동안 받은 물에 대한 감사의 의미였다.

런던의 템스 강에도 제물과 관련된 흥미롭고 오랜 역사가 흐른다. 신석기시대의 도끼 날에서 청동 방패, 바이킹 검에서 중세시대 순례자 휘장에 이르기까지, 수천 년에 걸쳐 갖가지 값진 물건들이 그 흐린 강물 속에 잠겼다. 사람들은 제물이 물에 가라앉는 모습을 보면서 행운이 다가오기를 마음속으로 빌었다.

어쨌든 잘 속는 자의 날, 만우절

왜 그렇게 많은 나라에서 농담과 장난의 날을 기념할까?

만우절(April Fool's Day)의 기원을 알려주는 한 가지 가설에 따르면 이 날은 16세기 프랑스에서 시작되었다고 전한다. 1564년 프랑스에서는 현재 사용되는 그레고리안력으로 달력을 바꾸면서, 그 해의 시작을 3월 마지막 주에서 1월 1일로 옮겼다. 이 새로운 역법에 적응하지 못하고, 새해 첫날을 예전처럼 잘못 기념한 사람들은 '바보들(fools)'이라는 오명을 뒤집어썼다. 프랑스에서는 만우절 장난에 당하는 사람들을 쉽게 낚인다는 뜻에서 아직도 쁘아송 다브릴(poisson d'avril, 4월의 물고기)이라고 부른다. 이탈리아에서도 똑같은 비유로 페세 다프릴레(pesce d'aprile)라는 표현을 사용한다.

또 다른 전설이 있다. 더 오래 전인 13세기 잉글랜드로 거슬러 올라간다. 무자비한 왕이었던 존은 사냥용 별장을 새로 지을 곳을 물색하다가 노팅엄셔의 작은 마을인 고텀(Gotham)에 눈길을 주었다. 마을 사람들은 개발이 이루어지면 토지와 세금으로 값비싼 희생을 치르게 될 것을 알아채고, 왕을 단념시킬 계획을 꾸몄다. 그 당시에는 광기가 전염된다고 믿었는데 마을 사람들은 이를 이용해 미친 사람처럼 행동하기로 했다. 과연 그 방법은 효과가 있었고, 왕은 고텀을 포기했다. 그래서 어떤 사람들은 만우절을 고텀 마을 사람들의 성공을 기념하는 날이라고 믿게 되었다.

다른 해석 역시 중세 잉글랜드에 뿌리를 둔다. 14세기 시인 초서의 《캔터베리 이야기》(영국 시인 제프리 초서의 미완성 대표작으로 다양한 신분과 직업을 가진 인물들이 여관에 모여 각자의 특징에 부합하는 이야기를 펼쳐놓는 중세 설화 문학이다. 중세 영국의 생활상이나 세계관 등을 잘 담고 있어 문학적 위상뿐 아니라 당시

사회상을 연구하는 자료로 가치가 높다. ‑ 옮긴이)에는 수탉을 속이는 여우 이야기가 나오는데 여기에 'Syn March was gon, thritty dayes and two'라는 표현이 등장한다. 학자들은 이 문장을 '3월이 시작되고 32일이 지났다'라는 뜻으로 해석했고 이 날이 곧 4월 1일이었다.

만우절이 여러 나라에서 발견된다는 것은 공통된 유래가 있다는 뜻일지도 모른다. 로마의 축제인 힐라리아가 바로 그 뿌리일 가능성이 있다. 춘분(봄의 시작)을 축하하는 이 축제에는 시끌벅적한 장난과 기발한 변장을 즐기는 도시사람들과 시골사람들이 참여했다.

오늘날 만우절은 스웨덴과 호주, 이탈리아, 폴란드 등 여러 나라에서 기념되는데 각 지방의 토양에 따라 개성적으로 변모했다. 포르투갈에서는 지아 지 멘치라(Dia de Mentira, 거짓말의 날)가 되면 희생자를 속여 밀가루를 던지는 전통이 있다. 스코틀랜드에서는 4월 1일을 '가우키 데이(Gowkie Day)'라고 부르는데 '가우크(gowk)'는 옛 스코틀랜드어에서 뻐꾸기를 뜻하는 말이다. 민속 문화에서 뻐꾸기는 잘 속아 넘어가는 기질이나 광기와 관련된 동물로 등장한다. 아직도 영어권 국가에서는 '미쳤다'는 뜻의 속어로 '그 사람은 뻐꾸기야'라고 말한다.

재채기에는 축복을!

호머의 《오디세이》에서 《플루타르크 영웅전》의 테미스토클레스 편에 이르기까지, 고대 그리스와 로마 문학을 들춰보면 여기저기 흩어져 있는 재채기를 만나게 된다. 그 전통은 오늘날에도 이어져 누군가 재채기하는 소리를 들으면 '블레스 유!'라고 말하지 않고는 못 배기는 사람도 많다.

재채기가 언제부터 미신과 손을 잡았는지는 불분명하다. 하지만 그 민간신앙이 얼마나 끈질기고 광범위하게 퍼져 있는지 그 사실만으로도 주목할 만하다. 재채기 소리를 들었을 때 축복으로 응답하는 대부분의 나라에는 각국의 개성 어린 표현이 존재한다. 프랑스에서는 '아 테 수에(À tes souhaits!, 당신의 소원대로)'라고 말하고, 이디시어를 쓰는 유대인들은 '자이 게준트(Zay gezunt, 건강하세요)', 이탈리아에서는 '살루테!(Salute!, 건강)', 이슬람 문화권에서는 '야르하묵 알라(Yarhamuk Allah, 신의 은총이 있기를)'라고 말한다.

역사 전반에 걸쳐 사람들은 재채기를 좋은 징조로도, 또 나쁜 징조로도 받아들였다. 독일의 전통적인 민간신앙에서는 결혼식에서 신랑이나 신부가 재채기를 하면 그 결혼은 불행해질 것이라고 생각했다. 반면 세례식 중에 어린이가 재채기를 하면 똑똑하게 자란다고 믿었다. 페르시아에서는 여정을 시작할 때 재채기를 한 번 하면 불길한 징조로 보았지만, 고대 그리

스에서는 오른쪽에 있는 사람이 재채기를 하면 행운으로 여겼다.

스코틀랜드에서는 갓난아기가 처음 재채기를 하기 전까지는 요정의 마법에 걸려 있다고 믿었다(그래서 산파들은 아기가 재채기를 할 수 있게 코담배를 들고 다녔다.). 한편 잉글랜드에서는 세례식에서 '에취!' 하는 소리가 나면 불운을 알리는 확실한 신호로 받아들였다. 1900년대 초반, 남아프리카 바수토족에는 갓난아기가 마법에 걸리지 않았다는 것을 확인하려고, 연기가 나는 불 위로 아기를 받쳐 들고 재채기가 날 때까지 기다리는 풍습이 있었다.

재채기를 하면 축복을 빌어주는 것은 단순히 질병의 전조증상에 대한 상식적인 반응일지도 모른다. 재채기는 가벼운 질병이나 더 심각한 질환의 신호일 수 있다. 그리고 의심할 여지 없이, 의학과 역학이 발전하기 전에는 사람들이 지상의 문제에 대해 하늘의 도움을 구했을 것이다. 예를 들어 15세기 문헌인 《황금전설(Golden Legend)》에는 로마에서 발생한 엄청난 전염병이 언급된다. "이런 식으로 때로는 재채기를 할 때 죽기도 했다. 그래서 다른 사람이 재채기하는 소리를 들으면 누구든 가까이 있는 사람이 '신이 돕기를' 혹은 '그리스도여 도우소서'라고 말했다."

많은 고대 문화를 살펴보면 코는 영혼이 드나드는 문이었다. 줄루족의 종교에 따르면 재채기를 일으키는 주범은 죽은 조상들의 영혼이나 귀신들이다. 구약 성서에서는 하느님의 숨결이 머무는 곳이 콧구멍이었다. '하나님의 숨결이 아직도 내 코에 있느니라.'[욥기 27장 3절]

한 번에 꺼야 하는 생일 초

커다란 케이크와 초가 없으면 완벽한 생일이라고 할 수 없다. 먼저 모두가 다정한 생일 축하 노래를 부른 다음, 생일을 맞은 소년이나 소녀는 모든 촛불을 단숨에 불어서 꺼야 한다. 성공하면 비밀스러운 소원을 빌게 된다.

다양한 문화의 기념 의식들이 층층이 쌓여 생일 케이크의 역사를 이룬다. 먼저 음식 역사가들은 고대 그리스의 축제인 무누키아(Mounukhia)를 언급한다. 이 축제는 달의 여신 아르테미스에게 바치는 봄철 의식이다. 여기에 참가하는 사람들은 다디아(dadia)라고 부르는 작은 초 여러 개를 둥근 케이크에 꽂아 달빛에 대한 감사의 뜻을 전했다.

로마 시대 사람들은 선물을 준비하고 연회를 열어서 가족 구성원과 귀족 보호자들, 친구들의 생일을 축하했다. 선물은 생일을 맞이한 사람뿐 아니라 그 사람을 '인도하는 정신'이나 '수호신'에게도 바쳐졌다. 보통 향, 벌꿀 케이크, 와인 등을 준비했는데 제물을 드릴 때는 초에 불을 켜고 기도문을 읊는 상징적인 행위가 뒤따랐다.

기독교의 전파와 더불어 생일 축하 의식은 뒷전으로 밀려났다. 오리게네스의 《레위기 강론(Homilies on Leviticus)》과 같은 초기 교리는 신도들에게 자연적인 생일은 기념하지 말고(육신으로 영을 더럽히는 행위이므로), 대신 세례식 날을 차분히 기리도록 가르쳤다.

중세 시대에는 대부분 개인적인 생일을 기념하지 않았다. 태어난 날짜를 정확히 모르는 사람들이 많았기 때문이었다. 대신 부모들은 아이들이 태어난 날에 가까운 성자축일이나 계절 축제와 관련시켜 생일을 떠올리는 정도였다. 만일 기억한다면 말이다.

우리가 아는 생일 케이크는 중세 후기 독일에서 시작되었을지도 모른다. 1700년대 중반의 기록에 등장하는 어른의 생일에 대한 묘사는 우리에게도 익숙한 장면이다. '어떤 오븐에서든 구울 수 있는 크기의 케이크, 그 사람의 나이에 맞게 낸 케이크의 구멍들, 구멍마다 초가 하나씩 꽂혀 있고, 하나는 가운데에 있다.' 어린이들의 생일에는 아동용 케이크가 등장했다. 사람들은 아이들의 생일을 축하해야 할 날이라고 생각하면서도, 자식들이 불길한 징조나 죽은 자의 영에 영향을 받기 쉬운 날이기 때문에 조심해야 한다고 여겼다. 케이크의 초는 저녁에 불을 끄는데 케이크를 자를 때까지 하루 종일 불을 켜두었다. 초를 끈 다음에는 소원을 빌면서, 촛불의 연기가 천국까지 소원을 전달해 주기를 바랐다. 이 전통은 아마도 독일에서 건너간 정착민들과 함께 미국으로 전해졌을 것이고, 18세기 후반에서 19세기 사이에 영국에 유입되었을 것으로 보인다.

당신에게 토끼를

영국과 미국에서는 새 달이 시작되는 첫날, 가족 중에 첫 번째로 일어난 사람이 '하얀 토끼!' 혹은 '토끼, 토끼, 토끼'라고 말하면 그 달 내내 운이 좋다고 믿는 전통이 오랫동안 이어지고 있다. 지역에 따라 그 형태도 다양한데 예를 들어 요크셔에서는 이름에 'R'이 들어가는 달에는 '하얀 토끼'라고만 말해야 한다.

도대체 왜 '토끼'라는 단어를 말해야 할까? 답하기 쉬운 문제가 아니다. 토끼(rabbit)와 그 사촌인 산토끼(hare)는 둘 다 문화와 시대에 따라 정반대의 의미로 받아들여졌는데 때로는 행운의 전조가, 때로는 악의 세력이 되었다.

초기 아시아와 토착 미국인 사회에서 토끼는 상서로운 상징이었다. 두 문화권은 모두 달에 사는 초자연적 존재인 '달 토끼'를 믿었다. 고대 점성가들은 달의 표면에서 토끼의 모습을 알아볼 수 있었고[서구의 '달에 있는 사람(man in the moon)'과 유사하다.], 그 토끼를 태음 주기의 풍요와 재생 개념에 연결시켰다. 중국에서는 토끼가 12간지의 하나에 속하며, 여전히 장수의 상징으로 간주된다.

토끼와 산토끼는 사랑과 성에도 연관되어 있다. 한 배에서 새끼를 여러 마리 낳는 번식력 때문일 것이다. 다산이라는 특성 때문에 일부 문화권에서는 토끼나 산토끼 고기를 먹으면 성욕이 증가하거나 심한 경우 선을 넘을 수 있다고 믿었다. 그래서 초기 기독교의 제자 중 하나인 바나바는 '어린 소년들을 문란하게 하는 자'가 되지 않도록 산토끼를 먹는 것에 대해 주의를 주었다.

중세 유럽에서는 토끼가 종종 '욕정'의 상징으로 쓰였다. 이 시기의 이미지들은 귀가 늘어진 우리 친구 토끼들을 성적 욕망이나 생식의 기표로 사용했다. 19세기가 시작되고도 한참 동안, 사람들은 마녀들이 토끼로 변신했다고 믿었다. 또는 마녀가 악마에게 받은 토끼나 다른 작은 동물들을 친구이자 심술궂은 심부름꾼(familiar)으로 부린다고 생각하기도 했다. 반면 르네상스 회화에 성모자상과 함께 등장하는 하얀 토끼는 순수함과 순결함을 상징한다.

신기하게도 13세기의 문헌에는 '산토끼'나 '토끼'는 소리 내어 말하면 불운이 찾아오기 때문에, '누구도 감히 이름을 말하지 않는 동물'이라는 기록이 있다. 어부들은 배에 타고 있을 때 그 이름이 입 밖으로 나오는 것을 극히 두려워했다. 1950년대까지만 해도 영국 일부 지역에서는 상대에게 앙심을 품었을 때 '당신에게 토끼를(Rabbits to you)'이라고 말했다. 하지만 이렇게 불길한 표현이 어떻게 행운의 말이 되었는지는 아무도 정확히 알지 못한다.

새 옷을 입는 것은,
새 생명을 받는 것

새 옷에 관한 미신들은 매우 많다. 아일랜드나 잉글랜드, 그리고 유대 등지의 전설과 설화에는 '(옷을) 입을 수 있는 건강을, (옷을) 찢을 수 있는 힘을, (옷을) 새로 살 수 있는 돈을'이라는 표현이 다양한 형태로 존재한다. 새 옷을 입고 다닐 만큼 건강하고 장수하는 삶을 기원하는 말이다. 그런데 그 표현은, 장래에 입을 새 옷을 미리 구입하는 것은 죽음의 신과 싸우려는 무모한 짓이라는 생각에서 비롯되었을지 모른다.

새 옷은 모름지기 부활절 주일에 입어야 한다는 전통은 로마 황제 콘스탄티누스에게서 시작되었을 가능성도 있다. 초기 기독교 사제들은 대개 미사나 여타 종교적 의식에 참석할 때 일상복을 입었다. 하지만 화려한 예복을 즐겨 입었던 콘스탄티누스는 성직자들도 부활절에는 잘 차려입어야 한다고 생각했다. 초기 기독교와 관련된 또 다른 가설은, 교회 구성원들이 새롭게 세례를 받으면 순수함과 새로운 시작, 영적 갱생을 상징하기 위해 새하얀 리넨으로 만든 의복을 입도록 했다는 사실을 지적한다. 미신이 부활절에 관련되어 있다는 것이 얼핏 흥미롭기도 하지만, 사실 부활절은 더 이른 시기의 토속 신앙에서 기원을 찾을 수 있고, 봄의 재생과 갱신이라는 개념과 깊은 연관이 있다.

셰익스피어도 새 옷에 관한 미신을 언급하는데 《로미오와 줄리엣》에서 머큐시오는 벤볼리오를 놀리며 말한다. '부활절이 오기도 전에 새 더블릿을 입었다고 재단사와 티격태격하지 않았어?' 18세기 작품 《가난한 로빈의 연감(Poor Robin's Almanac)》은 우리에게 이렇게 말해준다. '부활절에는 새 옷을 입어라. 그렇지 않으면 후회하리라는 것을 명심해라.' 그리고 새 옷을 살 수 없을 때는 헌 옷이라도 반드시 새로 고쳐 입어야 했다. 새뮤얼 피프스는 1662년 일기에 다음과 같이 적었다. '부활절 : 낡은 검정 양복을 새로 손질해서, 오늘은 꽤 단정한 옷차림이었다.' 부활절 모자를 쓰는 빅토리아 시대의 전통 역시 새 옷 미신에서 파생된 것일 수 있다.

하지만 새 옷이 좋은 뜻으로만 쓰인 것은 아니다. 여러 나라에서 새 옷을 입고 장례식에 가면 불행이 닥치거나 최근에 죽은 영혼의 노여움을 불러들인다고 믿었다. 심지어 1964년에도 노스캐롤라이나의 민간신앙 모음집에는 다음과 같은 내용이 담겨 있었다. '누군가 장례식에 새 옷을 입으면 그 해에 그는 죽어서 묻힐 것이다.' 또 있다. '장례식에 뭐든 새 것을 입고 가면 그 해가 가기 전에 당신의 가족 중 누군가가 죽을 것이다.'

영국과, 한때 식민지였던 인도에서는 새 신발에서 길들지 않은 삐걱 소리가 나면 아직 값을 치르지 않았다는 뜻으로 여겼다. 또한 새 신을 탁자에 올려놓으면 불길하다고 믿었다.

아들일까, 딸일까?

임신부를 초음파로 검사한 것은 1970년대에 들어서야 시작된 일이다. 그 이전 수세기 동안에는 여러 가지 기이하고 놀라운 의식이나 징조를 보고 태아의 성별을 추측했다.

17세기 잉글랜드의 산파인 제인 샤프는 다음과 같이 특이한 단서를 남겨주었다.

아들이면 임신부에게 더 혈색이 돌고, 오른쪽 가슴이 더 부푼다. 남성은 대부분 오른쪽으로 눕기 때문이다. 배는 특히 오른쪽이 더욱 둥글어지고, 더욱 부풀어 오른다. 그리고 아이가 움직이는 것이 그쪽에서 먼저 느껴질 것이다. 임신부는 더 활기차고 건강이 더 좋아진다. 통증은 그리 크지 않다. 그 방법이 통하지 않으면 대야에 물을 받아 모유를 몇 방울 떨어뜨린다. 모유가 수면에 뜨면 아들이고 둥글게 가라앉으면 그 반대로 판단한다.

하지만 이런 믿음은 새로운 것이 아니었다. 2000년 전에 기록을 남긴 히포크라테스는 이렇게 믿었다. '임신기 동안 얼굴에 발진이 생기면 딸을 가진 것이고, 안색이 좋으면 대부분 아들을 가진 것이다. 유두가 위로 향하면 아들이고, 아래로 향하면 딸이다.' 샤프의 관찰과 놀랍도록 유사한 부분을 찾았는가? '임신한 여성은 아들을 가지면 혈색이 좋고, 딸이면 나쁘다.'

아직도 아이의 성별에 관한 근거 없는 믿음들이 임신부의 정신을 쏙 빼놓는다. 결혼반지를 실에 매달아 임부의 배 위에 올리고 움직임을 관찰한다. 반지가 앞뒤로 흔들리면 아들이고, 원을 그리며 돌면 딸이라고 간주하는 방법이다. 또 배가 윗배 쪽으로 볼록하면 딸이고, 아랫배 쪽으로 볼록하면 아들이라거나 피부가 건조하면 아들, 단 것이 당기면 딸이라는 속설도 있고, 임부의 발이 차면 아들이라는 미신도 있다.

흥미롭게도 성별에 관한 미신 중에서는 사실을 바탕에 둔 경우도 있다. 실제로 딸을 가졌을 때 입덧을 겪을 가능성이 높다는 것은 입증할 수 있는 사실이다. 산통이 심하면 아들을 낳을 확률이 높다는 것도 통계적으로 증명된 적이 있다. 속쓰림이 있으면 털이 많은 아이를 낳는다는 미신에도 한 가지 진실이 들어 있다. 자궁에서 모발 성장에 기여하는 임신 호르몬은 위장 근육의 긴장을 풀어 위산 분비를 촉진시킨다는 사실이 최근 연구에서 밝혀졌기 때문이다.

아기 손톱은 자르지 마세요

'아기 손톱은 첫 돌이 될 때까지 자르면 안 된다.' 이 미신에 관한 기록 중에서 가장 이른 것은 19세기 자료이다. 하지만 이 미신은 여전히 세계 여러 지역에서 널리 통용되고 있다.

빅토리아 시대 잉글랜드 시골 지역에서는 어머니들이 아기의 손톱을 자르는 대신 조금씩 물어뜯었다. 그렇게 하지 않으면 아이가 도둑이 된다고 믿었기 때문이다. 아이가 자라 손톱을 잘라줄 수 있을 나이가 되면 성경을 펼쳐두고 잘라낸 손톱을 받았다. 그렇게 하면 아기가 정직하게 자랄 거라고 믿었다. 이탈리아계 미국인의 풍속에서는 대모가 아이의 손톱을 처음 잘라주면 운이 좋다고 여겼다. 반면 멕시코인 어머니들은 생후 석 달 안에 아이의 손톱을 자르면 눈이 보이지 않고 귀가 들리지 않게 된다고 믿었다.

필리핀에는 거의 동일한 미신이 여전히 존재한다. 밤이나 금요일에 아기의 손톱을 자르는 것은 불길

한 일일 뿐 아니라, 아기를 훌륭한 사람으로 성장시키려면 잘라낸 손톱은 잘 싸서 보관해야 한다.

많은 문화권에서 나이를 불문하고 손톱 자르기를 중요하게 여겼는데 여기에는 반드시 피해야 하는 날이 있었다. 동양권에서는 밤을 피했다. 인도에서는 밤에 손톱을 자르면 병을 불러온다고 믿고, 일본에서는 요절을 할 거라고 생각한다. 중국에서도 날이 저문 뒤에 손톱을 자르기를 피한다. 만약 이를 어기고 손톱을 자르면 혼령들을 집으로 불러들일 각오를 해야 한다. 유럽 쪽에서는 요일을 중시했다. 전통적으로 잉글랜드에서는 금요일과 일요일이 가장 피하는 날이었고, 이탈리아에서는 목요일이었다.

아기의 아주 작은 손톱을 자르지 않는 것이나 어두울 때 손톱을 자르지 않는 것은 합리적인 일처럼 보인다. 하지만 손톱과 관련된 많은 미신들은, 훨씬 더 오래되고 견고하게 자리 잡은 과거의 민간신앙에서 비롯되었다. 인류학자들은 거의 모든 문화권의 사람들이 '교감 주술'이라고 불리는 어떤 것을 믿었거나 여전히 믿고 있다고 지적했다. 그 믿음은 사람의 신체에서 떨어져 나온 부분은 그 사람과 계속 연결되어 있다는 생각이다. 이런 신앙 체계에서는 지속적으로 자라고 잃거나 잘라낼 수 있는 신체의 일부인 치아와 머리카락, 손톱이 특히 강력한 힘을 가진다. 이것들은 저주와 치료에 모두 쓰일 수 있다. 솔로몬 제도에서 서아프리카에 이르는 여러 문화에서 이런 물건들은 나쁜 손을 타지 않도록 안전하게 보관되거나 조심스럽게 버려졌다. 터키와 잉글랜드, 아르메니아 같은 유럽 국가에서는 잘라낸 손톱 조각을 벽이나 바닥판에 난 틈, 또는 나무의 빈 구멍과 같은 '마법'의 장소에 숨겨두고 행운이 찾아오거나 병이 낫기를 바랐다.

화끈거리는 귀

혹시 귀가 화끈거린다거나 윙윙 울리지 않는가? 그렇다면 누군가 당신에 대해 이야기하고 있는 것이 틀림없다.

이 미신은 이미 로마 시대부터 언급되어 왔다. 서기 77년에 대 플리니우스[Pliny the Elder, 가이우스 플리니우스 세쿤두스. 고대 로마의 정치가이자 군인, 학자다. 백과사전의 시초라 할 수 있는 《자연사(Historia Naturalis)》를 총 37권으로 편찬하여 자연, 인문, 예술 등 당대의 지식을 집대성했다. 이름이 같은 조카와 구분하기 위해 대 플리니우스라고 부른다. ─ 옮긴이]는 일반적으로 받아들여진 믿음에 대해 이야기한다. 사람들은 귀가 윙윙거릴 때 자신들이 뒷말의 대상이 되고 있다는 걸 안다는 것이다. '자리에 없는 사람들은 그들이 이야깃거리가 되었을 때 귀가 윙윙거리는 것으로 경고를 받는다(Quin et absentes tinnitu aurium præsentire sermones de se receptum est.).' 그리고 영문학에서는 화끈거리는 귀에 대한 언급을 곳곳에서 발견할 수 있다. 14세기 초서의 작품에는 이런 문구가 등장한다. '당신이 간 뒤에, 당신의 귀가 달아오르게 할(Whan thow art gon, to don thyn eris glow / 《트로일러스와 크리세이드》의 2권에 등장하는 표현으로, 판다로스가 자신의 조카 크리세이드를 좋아하는 트로일러스에게 조언을 하면서, 자신이 조카와 함께 있을 때 트로일러스가 그곳을 지나가면 자연스럽게 그에 대한 이야기를 할 것이라고 말하는 장면이다. ─ 옮긴이)' 셰익스피어는 《헛소동》에서 '내 귀에 불이 났나? 정말인 걸까?'라고 쓴다. 심지어 디킨스는 1845년 편지에서, 왼쪽 귀가 지속적으로 화끈거린다면서 친구를 탓한다. ''…나는 자네가 나를 저주해왔음이 틀림없다고 생각하고 싶네…… 약속

을 지키지 않은 일로 말이야.'

　유럽의 민속 문화에서는 왼쪽 귀인
지 오른쪽 귀인지에 따라 길흉이 갈렸다. 포
르투갈이나 독일에서처럼 왼쪽이 나쁜 소식
인 경우도 있지만 오른쪽이 나쁜 소식일 때
도 있었다. 프랑스인들은 귀가 화끈거리는 것
보다는 윙윙 울리는 것에 주목한다. 'oreilles ont dû
siffler(귀가 윙윙거렸을 것이다.).' 1903년, 미국의 작가이자
민속학자 코라 린 대니얼스는 '북미 원주민들은 귀가 웅웅
울리면…… 누군가가 가족 없이 [올 것]이고 그는 대접을 받아야만 한다고
믿는다.'라고 기록했다.

　잉글랜드의 민속 문화에서는 어느 쪽 귀든 밤에 영향을 받는다면 행운
이 찾아온다고 믿는다. 그리고 귀가 화끈거릴 때 귀를 꼬집으면 뒷말을 수
군대는 사람이 혀를 깨물게 될 것이라고 말한다. 다른 대항 마법으로는 영
향을 받은 귀에 침을 바르는 방법이 있다. 귀가 더 이상 화끈거리지 않는다
면 호의적인 말을 한 것이고, 그렇지 않으면 악의적인 말을 한 것이다.

　이 미신에는 전혀 과학적인 근거가 없지만 귀 온도와 뇌파 활동 사이의
관계를 발견해낸 흥미로운 연구가 최근에 발표되었다. 연구에서는 적외선
을 이용해 귀의 온도 변화를 측정한 결과, 좌뇌가 활성화되었을 때 왼쪽
귀의 온도가 내려가고, 우뇌가 활성화되었을 때는 오른쪽 귀의 온도가 내
려갔다. 연구자들은 귀 온도 측정을 통해 어느 쪽 뇌가 더 활성화되는지
알아낼 수 있었다(전통적으로 좌뇌는 언어와 사고에 연관되고, 우뇌는 시각과 행동,
창의력을 조절한다고 생각된다.).

말편자 걸어두기

초기의 말편자는 금속이나 가죽 소재의 '부티(booties, 발목 길이의 장화나 신발 대용 양말 - 옮긴이)'로 발굽 전체를 감쌌다. 고고학에서는 5세기경 아시아에서 못을 박아 고정하는 전통적인 초승달 모양의 쇠로 된 말편자가 처음 개발되었고 800년대까지 차츰차츰 유럽 전역으로 퍼져나갔다고 전한다.

말편자가 언제부터 행운과 연관되었는지는 규명하기가 꽤 까다롭다. 우선 성 던스탄의 전설과 연결 짓는 해석을 살펴보자. 던스탄은 900년대 캔터베리 대주교였고, 악마를 속였다고 전해진다. 대장장이이기도 했던 그는 낯선 이에게 말굽에 편자를 박아달라는 요청을 받았다. 그 사람이 발이 둘로 갈라진 것을 발견한 그는 곧 악마가 변장한 것임을 알아차렸다[갈라진 발굽(cloven foot/hoof)는 악마의 상징으로, '갈라진 발굽을 보인다(show the cloven hoof)'라는 영어 표현은 정체를 드러낸다는 뜻으로 쓰인다. - 옮긴이]. 던스탄은 재빨리 말굽이 아닌 악마에게 편자를 박아 엄청난 고통을 안겨주었다. 그리고 악마가 문 위에 말편자가 달린 건물에는 절대로 들어가지 않겠다는 약속을 하면 편자를 빼주기로 했다.

이 강렬한 이야기는 중세 시대 사람들에게 널리 알려져 있었을 것이다. 하지만 '행운의 편자'는 그보다 더 이른 시기에 생긴 개념일 수도 있다.

6000년 전부터 시작되어, 인도어와 스칸디나비아어를 비롯하여 무려 30여개의 언어로 전해지는 보편적인 민담이 있다. 이 이야기에서는 대장장이가 악마와 협상을 벌여, 어떤 재료든 용접할 수 있는 능력과 자신의 영혼을 맞바꾸기로 한다. 하지만 악마는 대장장이에게 속아 움직일 수 없는 물건 혹은 땅에 용접을 당하고, 힘을 잃게 된다. 여기서 편자는 초자연적인 힘을 좌절시키는 사람의 능력을 상징한다.

대장장이는 여러 문화에서 존경받았고, 그만큼 두려운 존재이기도 했다. 대장장이들은 지역사회의 변두리에서 일하며 뜨겁고 어둑한 대장간에서 금속을 구부리고 두드려 일상의 도구와 전쟁의 무기를 모두 만들어낸다.

고도로 숙련되고 비밀스러운 기술이 마법적이고 신비한 능력에 연결되는 것은 놀라운 일이 아니다.

미국과 러시아, 아일랜드, 영국에서는 대개 말편자를 U 자 형태로 걸어
둔다. 행운을 안쪽에 담아두려는 것이다. 하지만 여타 유럽이나 중동에서
는 행운이 흘러들어오게 하려고 말편자를 뒤집힌 ∩ 자 형태로 걸어둔다.
이탈리아에는 '나무 만지기'와 유사한 '쇠 만지기(toccare ferro)'가 있는데,
이것은 '말편자 만지기(toccare ferro di cavallo)'에서 유래한 것이다.

무지개, 일단 피하기

무지개보다 더 기분 좋은 것이 있을까?

우리는 무지개의 정체를 알게 되었다, 빛이 물방울을 통해 반짝이는 현상임을. 그럼에도 불구하고 무지개는 여전히 경외감과 감탄을 자아낸다. 또한 무지개는 낙관론과 희망의 강력한 상징이자 평화, 동성애자의 자존심, 그리고 사회 변혁의 기표이기도 하다.

그러나 수천 년 동안 여러 문화권의 사람들은 불안한 마음으로 무지개를 바라보았다. 무지개는 신의 능력, 좋은 능력과 나쁜 능력을 모두 상기시키는 내세의 신호로 받아들여졌다. 성서의 첫 권인 창세기에서 무지개는 신성한 분노를 암시하며, 다시는 홍수로 땅을 멸하지 않겠다는 신의 약속이다. 노르웨이 신화와 나바호족의 신앙을 비롯한 다른 여러 문화에서 무지개는 땅과 하늘 사이의 연약한 다리였고, 조상들과 신들이 두 세계를 오가는 길이었다.

어떤 사회에서는 무지개를 매우 두려워했다. 나이지리아의 이보족에게 무지개가 지구에 닿는 것은 다가올 죽음을 의미했다. 호주 원주민과 에스토니아인에게 무지개는 창의적인 동시에 악의적인 뱀(악마)이었고, 엄청난 파괴를 저지를 수 있는 존재였다. 고대 페루인들은 만약 무지개가 사람에게 닿으면 무시무시한 병을 초래한다고 생각했고, 말레이시아의 세노이족은 무지개 아래를 걸어가면 열이 난다고 믿었다. 가봉이나 온두라스, 니카라과 같은 지역의 전통적인 신앙 체계에서는 무지개를 가리키거나 바라보아서는 안 된다고 생각했다. 중국에서는 지금도 무지개를 가리키면 안 된다고 하는 사람들이 있는데 육체의 기운을 빼앗기고 병이 날 수 있기 때문이다. 가깝게는 20세기 중반까지만 해도 영국과 아일랜드에서는 나뭇가지 두 개나 지푸라기로 바닥에 십자가를 만들어 무지개를 없애거나 '부수는' 것이 흔한 민속 문화였다.

사실상 대부분의 문화에 무지개의 외형과 관련된 민간 신앙이 있다. 우리는 왜 무지개가 그렇게 많은 미신에 둘러싸여 있는지 확실히 알지 못한다. 하지만 무지개라는 보편적 기상현상을 광학과 굴절에 대한 발전된 이해 없이 설명하기는 대단히 힘들었을 것이다. 무지개는 갑작스럽게 나타나고 사라진다. 땅과 하늘에 모두 닿는다. 우리가 움직이는 대로 따라 움직이는 것처럼 보인다. 너무나 영롱하게 빛난다. 사람들이 무지개에 영적 의미를 부여한 것은 그리 놀랄 일은 아닌 듯하다.

손가락 교차하기

십자가 기호를 만드는 것은 신의 개입을 구하는 기도로서 오래 전부터 내려온 상징적인 몸짓이었다.

하지만 특별히 손가락을 교차하여 십자가를 만드는 것은 초기 기독교에서 유래했다는 설도 있다. 당시 로마제국의 박해를 받던 기독교도들은 손가락으로 십자가 기호를 만들어서 다른 기독교인들에게 종교적 신념과 결속의 신호를 교묘하면서도 분명하게 보냈던 것이다.

약속을 무효화하기 위해 등 뒤에서 손가락을 교차시키는 경우도 있다. 이 또한 같은 시대에 기원을 두고 있는 것으로 보인다. 당국에 자신들의 신앙을 인정하는 것이 너무 두려웠던 기독교인들은 앞으로는 자신들의 믿음을 부정하면서, 등 뒤에서 손가락을 교차시켰다. 신에게 용서를 구했던 것일 수도 있고, 자신의 거짓말이 통할 수 있도록 천운을 바란 것일지도 모른다.

영국과 미국, 스페인, 프랑스에서는 행운을 빌며 손가락을 교차한다. 반면 스웨덴, 핀란드, 네덜란드, 폴란드를 비롯한 북유럽과 동유럽의 많은 지역에서는 엄지손가락을 감싸 쥔다. 흥미롭게도 일본인들은 장례식이나 묘지를 걸을 때 엄지손가락을 주먹 안으로 밀어 넣는다. 일본어에서 엄지손가락은 '부모 손가락(親指, 오야유비 - 옮긴이)'이라고 불리는데, 죽음의 존재 앞에서 엄지손가락을 감추는 것은 부모가 요절하는 것을 막아준다고 한다. 이와 유사한 방어적 몸짓으로 '피그(fig)'라고 알려진 것이 있다. 주먹을 쥔 채 검지와 중지 사이로 엄지손가락을 내미는 동작이다. 독일과 이탈리아, 스페인, 프랑스에서 흔한 이 동작은 성적인 행위를 흉내 내는 것이기도 하고, 악마를 화나게 하고 해를 끼치지 못하게 할 때 쓴다.

다섯 손가락 각각에 관한 미신도 있다. 로마인들은 반지를 끼는 왼손 약손가락은 '사랑의 정맥(vena amoris)'을 통해 심장으로 곧장 연결된다고 믿었다. 그에 따라 약혼반지와 결혼반지를 끼는 자리에 대한 전통도 생겼다. 영국 민속 문화에서는 같은 손가락이 'leche man(중세 영어에서 '의사'를 뜻하는 말 - 옮긴이)' 혹은 '의사의 손가락'으로 알려져 있다. 다른 손가락으로는 약을 바를 수 없고, 긁는 데 사용되거나 상처를 건드릴 수 없다(특히 독이 있다고 생각하는 오른쪽 집게손가락은 안 된다.). 이탈리아에서는 행운을 빌고 '악마의 눈'을 물리치기 위해 코니(corni, 뿔)의 기호를 만들었다. 집게손가락과 새끼손가락은 펴고 엄지손가락과 가운뎃손가락, 약손가락은 접는 이 동작은 오늘날 헤비메탈 팬들이 하는 손짓과 같다.

가슴에 십자가 긋기,
빵에 십자가 칼집 내기

   유년기의 약속은 '네 가슴에 십자를 긋고 죽기를 바라(cross your heart and hope to die, 하늘에 맹세하라는 뜻 - 옮긴이).'라는 말로 마무리되곤 한다. 맹세를 통해 약속을 꼭 지킬 것을 다짐받는 것이다.

   가슴에 십자가를 긋는 행위는 기독교의 산물이며, 신앙의 물리적 기호인 동시에 은유적 기호인 십자가의 중요성을 보여준다. 기독교인에게 십자가는 강력한 상징이고 예수의 희생을 지속적으로 일깨워주는 상징이다. 신체에 십자 모양을 그림으로써 기호를 만드는 것은 단순한 행동이 아니라 기도이고, 그 자체로 방호의 행위다. 테르툴리아누스의 2세기 기록에는 그 관습이 얼마나 빠르고 광범위하게 퍼졌는지 묘사된다. '우리의 모든 이동과 움직임에서, 오고 가는 모든 행위에서, 신발을 신을 때, 목욕할 때, 식탁에서, 초에 불을 붙일 때, 누울 때, 앉을 때, 어떤 활동에 임하든지, 우리는 이마에 십자가 표시를 그린다.'

   그러나 흥미롭게도 십자가의 상징을 기독교보다 앞서 쓴 곳이 있다. 초기 선사 동굴 벽화와 조각에는 종종 십자가가 묘사되어 있다. 이집트와 메소포타미아의 칼데아(바빌로니아 - 옮긴이)를 아우르는 고대의 여러 비기독교 문화에서도 십자가는 중요한 상징이었다. 예를 들어 마야 사회에서는 십자가가 우주의 네 부분(하늘, 천국, 태양, 시간)을 나타냈다. 일부 북미 원주민 집단에서는 사계절, 인생의 네 단계, 사방위(동서남북)를 의미했다. 4,500년 전 청동기시대 영국에는 원 안에 배치된 십자가 상징이 있었다. 태양을 나타내는 것으로 보이는 그 상징은 스톤헨지와 같은 장소에서 숭배자들이 착용하는 금으로 된 원반에서 발견되었다.

유럽의 민간 신앙에서는 십자가 표시를 그리는 것이 악마의 힘을 피하거나 행운을 가져온다고 믿었다. 정령들로부터 집을 보호하기 위해 출입구와 굴뚝에 십자가를 새겼고, 손가락을 교차해서도 십자가를 만들었는데 이런 사실에서 알 수 있듯이 미신과 전통 종교는 보조를 맞추면서 일상의 의식들 속에서 함께 힘을 키워갔다. 예를 들어 아일랜드에서는 소다 빵을 오븐에 넣기 전에 빵 윗면에 십자 모양의 칼집을 냈는데, 이는 신에게 감사를 드리면서 마법을 물리치는 동시에 빵을 '축복'하기 위한 의도였다.

그저 희귀해서 행운의 상징이 아니다, 네잎클로버

클로버 잎은 보통 세 장이고, 네잎클로버를 발견할 가능성은 약 5000분의 1이다. 이렇게 드문 것을 찾았으니 운이 좋다고 느끼는 것은 어쩌면 당연한 일인지 모른다. 하지만 다른 식물에도 특이한 돌연변이가 있을 텐데 왜 하필 클로버일까?

답은 아마도 성 패트릭의 전설 속에 있을 것 같다. 아일랜드의 수호성인인 그는 이교도인 켈트족에게 기독교 교리인 성 삼위일체(성부, 성자, 성령)를 설명하기 위해 일종의 클로버인 토끼풀 세 잎을 이용했다고 전한다. 아일랜드에서는 토끼풀이 여전히 행운과 국민적 자부심을 나타내는 강력한 상징이다.

하지만 아직 설명이 부족하다. 왜 하필이면 네 잎인가? 네잎클로버를 발견할 가능성은 희박하다. 바로 그 점이 네잎클로버에 특별한 의미를 부여한 이유일지도 모른다. 희귀성은 가치가 높지 않은가? 또한 기독교를 포함한 많은 고대 신앙 체계가 십자 형태의 물체에 부여하는 중요성에서도 답

을 찾을 수 있다.

　수세기가 지나는 동안 네 잎은 각각 다른 모습의 행운으로 분화되었다. 믿음, 희망, 행운, 사랑을 뜻할 때도 있고 명성, 부, 사랑, 건강을 나타내기도 했다.

클로버가 특별히 행운의 식물로 취급되는 것은 음식과 농업에 관련되기 때문이라고 보는 견해도 있다. 클로버는 토양에 질소를 고정시켜 비옥하게 만들 뿐 아니라, 수많은 포유류와 조류에게 유용한 먹이 공급원이다. 그중에는 우리 조상들이 먹었던 동물들도 있었을 것이다.

한편 숫자 4는 서구에서뿐 아니라 여러 문화에서 의미심장하게 생각된다. 많은 고대 우주론들이 중요한 사건이나 자연적인 현상을 네 단계로 나누었다. 뉴멕시코주의 지아족을 비롯하여 그리스 철학자에 이르기까지, 숫자 4는 달의 위상 변화 네 단계, 인생의 네 시기, 하루의 네 기간, 사방위, 계절과 4대 원소(흙, 물, 공기, 불의 네 가지 요소가 만물의 근원을 이룬다고 믿었다. - 옮긴이)를 나타내는 데 쓰였다.

영국과 아일랜드에서만 네잎클로버를 행운의 상징으로 여기는 것은 아니다. 독일인들은 새해에 길운과 번영의 부적으로 네잎클로버를 선물했다. 19세기 프랑스 여성들은 네잎클로버 장신구와 다른 행운의 부적을 착용했다. 네덜란드와 이탈리아에서도 네잎클로버는 행운을 나타낸다.

좋은 일이 계속되기를 빈다면 나무 만지기

사람들은 수천 년에 걸쳐 나무를 숭배해왔다. 적어도 기원전 4000년경부터 거의 모든 문명이 나무를 영적 존재의 안식처 또는 영적 존재의 구체물이라고 여겼다.

고대 이집트와 중앙아프리카, 인도와 고대 그리스 로마에서도 나무들은 사람처럼 영혼이 있어서 인간 존재를 벌하거나 칭찬할 수 있다고 믿었다. 변덕스러운 나무의 정령들에게 호감을 사기 위해 사람들은 그들을 기쁘게 해야 했다. 그래서 (고대 이집트인들처럼) 기도문을 외고 제물을 남기거나, (초기 불교신자들이 그랬던 것처럼) 지붕에 꽃 장식을 걸거나, 희생제물을 나뭇가지에 매달아두는 험한 일도 했다. 독일인 수도사인 브레멘의 아담이 1072년에 남긴 기록에는 신성한 숲에 아홉 가지 생명체들을 바치기 위해 9년마다 열리는 바이킹의 모임이 묘사되어 있다. 불운한 동물들 중에는 개, 말, 인간들이 포함되어 있었고, 모두 숲에서 제의적으로 죽임을 당했다.

19세기까지 중앙유럽에서는 많은 사람들이 나무의 정령을 믿었다. 어려운 시기에 기꺼이 도울 준비가 되어 있는 너그러운 정령들도 있었고, 위험하고 앙심을 품은 정령들도 있었다. 러시아와 핀란드, 폴란드, 에스토니아에서는 특정한 나무들을 신령한 대상으로 생각해서 보호하고, 선물과 제물과 의식으로 달랬다.

영국에서 오크나무는 드루이드 예배의 중추적인 역할을 담당했다. '드루이드'라는 말은 고대 켈트어의 dru('나무', 특히 오크나무)와 wid('알다')를 조합한 것으로 '오크나무를 아는 자들'을 뜻한다고 추정된다. 앵글로색슨인들은 같은 단어를 '나무'와 '진실'(treow)을 뜻하는 말로 썼다.

이 점을 염두에 두면 숲이 어떻게 진실을 말하는 장소, 예언과 예배의 장소, 오늘날 교회 제단과 다르지 않은 장소가 되었는지 쉽게 이해할 수 있다. 따라서 나무를 만지는 관습은 이러한 초기 의례들에서 기원할지도 모른다. 사람들은 소원을 빌거나 나무 정령들에게 영적인 중재를 부탁했다.

오늘날 '나무를 만진다'는 말을 활용하는 방식에는 흥미로운 점이 있다. 거기에는 여전히 정령이나 운명에게 따끔한 교훈을 얻고 싶지 않다면 자만하면 안 된다는 생각이 깃들어 있다.

따라서 우리는 자랑을 했다거나 행운이 계속된다고 느낄 때, 부정을 타지 않게 하는 주문으로 '나무를 만진다'고 말한다. '난 몇 주 동안이나 아프지 않았어, 나무를 만진다(실제로 나무를 만지는 게 아니라 'touch wood'라고 말한다. 부정 타지 않기를 빈다는 의미. - 옮긴이).' 또는 '일요일 날씨가 좋은 것 같아, 나무를 만진다.' 이런 행위에는 우리가 인간으로서 운명을 스스로 제어하지 못한다는 생각이 담겨 있다. 그리고 행운을 너무 강조하는 자들은 운명이 벌할 것이라는 믿음이 깔려 있다.

이탈리아인은 '나무를 만진다'고 하는 대신 '철을 만진다'고 말한다. 'toccare ferro'라는 표현은 '말편자를 만진다'는 뜻의 'toccare ferro di cavallo'를 줄인 말이다.

나를 사랑한다, 사랑하지 않는다

유럽에는 사랑의 결실에 대한 로맨틱하고 유구한 역사가 있다. 좋아하는 상대에게 원하는 답을 들을 수 있을지 없을지 알아보기 위해 씨앗이나 구슬, 꽃잎을 세는 풍습이 바로 그것이다.

가장 유명한 것은 데이지 꽃을 뜯으면서 단순히 '그가 나를 사랑한다, 사랑하지 않는다'고 말하는 것이다. 하지만 가장 초기의 사랑의 신탁에는 풀잎이 등장한다. 1203년 독일의 서정시인 발터 폰데어포겔바이데(Walther von der Vogelweide)는 연시에서 '그녀는 한다, 하지 않는다, 한다, 하지 않는다……'라고 밀 하면서 손가락을 번갈아가며 풀잎을 한 가닥씩 세는 모습을 묘사한다.

데이지 꽃은 200년 후에야 독일 수녀 클라라 해츨러린(Clara Hätzlerin)의 원고에 등장한다. '누구든 뜯어낼 꽃을 가지고 있으면 진실한 사랑의 상대가 자신을 정말 사랑하는지 아닌지 의심하고 있다는 뜻이다.' 흥미롭게도 독일어에서는 데이지 꽃을 일컬어 신탁화(orakelblume), 사랑화(libesblume), 혹은 예언화(wahrsagenblume)라고 부른다.

사랑의 신탁인 데이지 꽃은 스페인에서 아이슬란드까지 유럽 전역에서 발견된다. 그리고 프랑스인들은 가부가 되풀이되는 단순한 구절에 엷고 진한 농도를 입힌다. 그들은 데이지 꽃잎을 뜯고 다소 시적으로 이렇게 말한다. 그는 나를 조금 사랑한다 (똑) 많이 사랑한다 (똑) 간신히 사랑한다 (똑) 열정적으로 사랑한다 (똑) 지속적으로 사랑한다 (똑) 온 마음을 다해 사랑한다 (똑) 결혼해서 사랑한다 (똑) 전혀 사랑하지 않는다.

사랑의 신탁은 전통적으로 젊은이들이나 어린이들, 특히 여성들의 입에서 입으로 전해졌다. 성 평등 의식이 생기기 한참 전에는 친절하고 사랑스러운 남편이 여성에게 어떤 의미였는지 상상하기 어렵지 않다. 좋지 못한 남편감은 파탄을 의미할 것이기 때문이다. 그러므로 무엇이든 행복한 결합을 예언해주면 기분이 좋아지고, 두려움도 가라앉을 것이다.

데이지 꽃은 고대 로마의 베리데스 요정과 북유럽의 여신 프레이야와 같은 신화 속 사랑의 형상과 오랫동안 연결되어 있었고, 사람들에게 선택받은 꽃이었다. 데이지 꽃잎을 뜯으면 긍정적인 결과를 얻을 가능성도 높아진다. 데이지 꽃은 대부분 꽃잎이 홀수라서 꽃잎을 세는 사람이 거의 매번 '그는 나를 사랑한다'로 끝낼 수 있기 때문이다. 그 밖에 호랑가시나무 잎의 가시나 드레스, 셔츠의 단추를 세는 것도 사랑의 신탁을 구하는 방법 가운데 하나였다.

가장이 죽으면 벌에게 말하기

양봉은 대략 10,000년 전부터 시작되었지만 우리는 그보다 훨씬 전부터 자연산 천연 벌꿀을 채취했다.

최근의 DNA 연구에 따르면 꿀벌은 약 300,000년 전 아시아에서 기원했고, 거기서부터 유럽과 아프리카로 퍼져나갔다. 고대의 수렵채취 부족들이 오직 꿀만이 줄 수 있는 짙은 달콤함을 맛보기 위해 야생벌이 윙윙거리는 벌집에 용감히 도전하는 모습은 상상하기 어렵지 않다.

아프게 침을 쏘는 곤충치고는 벌은 언제나 사람들 사이에서 인기가 높았다. 사람들은 침은 잊고, 오랫동안 감사와 경탄이 섞인 눈으로 벌을 바라보았다. 그리스와 로마의 작가들은 벌에 대해 열정적으로 글을 썼다. 그들은 벌을 '신성한 동물'(페트로니우스)이라 부르며 유용한 물질을 많이 생산할 뿐 아니라, 효율성 높은 공동체를 스스로 조직하는 능력에 경탄했다. 플리니우스는 1세기에 이렇게 표현했다.

'우리의 특별한 찬양은… 벌에게 바쳐져야 마땅하다. 벌만이… 인간의 혜택을 위해 창조되었다. 그들은 꿀을 추출하고 모은다. 꿀은 수분이 많은 물질로 지극한 달콤함과 부드러움, 유익함이 특히 두드러진다. 그들은 벌집을 만들고 밀랍을 모은다. 밀랍은 삶에서 수천 가지 목적에 유용한 물

품이다. 그들은 피로를 견
디고, 노동에 힘쓰고, 정치적인 공
동체를 형성하고, 비밀리에 회의를 열고,
공동으로 우두머리를 선출한다. 그리고 그중
에서도 가장 주목할 만한 것은 자신들만의 도덕적인 규
범을 가지고 있다는 것이다.'

이런 점들을 고려하면 왜 의식과 미신들이 벌들 주변에 떼 지어 모여들었는지 쉽게 알 수 있다. 거의 모든 의식과 미신들이 그 곤충들이 '기분이 상하는 것'을 방지하고, 벌집을 남겨두기 위해 고안된 것들이다. 벌은 말다툼이나 큰 소리, 나쁜 행동, 청결의 결핍, 생리에 의해 놀란다고 생각된다.

그러나 유럽과 미국 전역에 걸쳐 18세기와 19세기 동안 가장 잘 알려지고 널리 퍼진 민속신앙은 '벌에게 말하기'였다. 집안의 가장이 죽으면 벌집에 다가가 살살 두드리며 벌들에게 슬픈 소식을 알리는 것이 중요했다. '꿀벌들아, 꿀벌들아, 내 말을 들어라! 너희 주인 아무개가 세상을 떠났단다!' 벌들이 그대로 남아서 주인의 아내나 상속인들을 위해 계속 일해주기를 바라는 것이었다. 속삭이는 말은 지역마다 다양하게 변형되었으며, 요크셔를 비롯한 영국 일부 지역에서는 벌들에게 장례식 케이크를 한 조각 주었고, 벌집을 검은 천으로 덮어 '상중'에 들게 하는 풍습도 있었다.

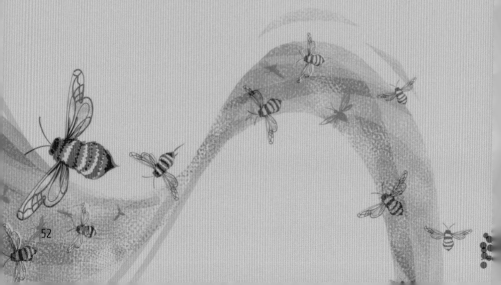

누구를 위하여 술잔을 드는가

우리는 왜 '건배!(Cheers)'라고 말할까? 여기에 답하려면 사람들이 얼마나 오랫동안 술을 즐겨왔는지 이해하는 것이 중요하다.

오크니 제도에 있는 5000년 전 석기시대 유적 스카라브레는 당시 거주민들이 보리와 귀리, 벨라도나와 독미나리로 만든 독주를 즐겼다는 것을 알려준다. 이집트와 고대 중국, 마야와 몽골을 아우르는 대부분의 위대한 문명사회에서는 의례와 의식에 술을 사용했다. 지식인의 대화와 공동체의 모임에도 술이 올랐다. 술의 용도는 긴장 이완 그 이상이었다. 동맹을 구축하고 정령들과 교신하거나 통과의례를 축복하는 수단이었다.

사회적 화합에서 술이 얼마나 중요한 자리를 차지하는지는 이 자리에 참석하여 술을 들이켜는 사람들이라면 모두 인정할 것이다. 술은 귀하고, 감사히 여겨야 하는 음식이었다. 훈족과 히브리인, 페르시아인과 색슨족에 이르는 수많은 공동체 문화에서는 한 잔의 술로써 의리를 다짐했다.

고대 그리스인들은 신들을 기리기 위해 술을 조금 따라냈고, 바이킹은 술을 가득 채운 잔을 불 주변으로 돌리면서 오딘과 프레이야와 뇨르드 신을 위해 건배했다. 일본의 신도나 아이티의 부두교와 같은 다양한 신앙 체계에서는 여전히 신령들과 오래 전에 죽은 조상들에게 술을 바친다. 서구에서는 이 관습이 동료들이나 사랑하는 사람들 혹은 자리에 없는 친구들을 위해 잔을 들어 올리는 행동으로 변형되었다.

재채기를 하면 은총을 비는 것과 비슷한 맥락에서, 술을 마실 때는 건강을 기원하는 것이 전통이다. 프랑스에서는 '쌍떼(Santé, 건강)', 러시아에서는 '바셰 즈다로비예(Vashe zdorov'ye, 당신의 건강)'라고 한다. 중세 시대부터 시작된 영어의 '치어스(Cheers)!'는 얼굴을 뜻하는 고대 프랑스어 'chiere'에서 유래되어 결과적으로 '좋은 기분'을 의미하게 되었다.

잔을 부딪쳐 쨍그랑 울리게 하는 이유는 설명하기가 조금 더 까다롭다. 독이 없음을 보여주려고 서로의 잔에 술이 튀게 하는 것이라는 설명도 있었지만, 지금은 틀렸다고 판명되었다. 또 다른 가설은 교회 종소리나 북소리처럼 시끄럽고 귀에 거슬리는 소리가 모임자리의 정령들을 쫓아낸다고 믿었기 때문이라는 것이다. 하지만 술잔이 쨍그랑하는 소리는 건물이 떠나가게 시끄러운 소리는 아니다. 아마도 공용 그릇을 쓰던 시대가 남긴 관습일 것이라는 답이 더 그럴듯하다. 유행이 변하고 개인 잔이 보편화되면서, 하나의 잔을 공유하는 대신 서로 잔을 부딪치는 관념적인 행동이 연대의식을 상징하는 행위로 자리 잡았을 것이다.

신부를 위하여 빌려온 것, 파란 것

샬럿 소피아 번(Charlotte Sophia Burne)은 작가이자 편집자로 영국 민속학회의 첫 번째 여성 회장이었다. 그녀가 1883년에 기록한 자료에는 결혼식 민요 <헌것, 새것, 빌려온 것, 파란 것>이 랭커셔 지역의 전통으로 적혀 있다. 하지만 이 가사에 담긴 생각들은 훨씬 더 오랜 역사를 가지고 있다.

'헌것'을 입는 미신의 기원은 적어도 1600년대까지 거슬러 올라간다. 당시에는 입었던 옷이 사악한 정령들로부터 보호해주는 역할을 한다고 생각했으며, 특히 갓난아기나 임신부를 지켜준다고 믿었다. 헌 신발은 강력한 효과가 있어서, 임신에 성공하고 태아를 안전하게 지킬 목적으로 사용되곤 했다. 그리고 1940년대 잉글랜드에서는 결혼식에서 헌 신발을 신으면 행복한 결혼 생활을 보장받을 수 있다고 생각했다.

'파란 것'의 기원은 '헌것'보다 더 오래된 것으로 추정된다. 1390년 초서는 파란색이 여성의 정절을 나타내는 색이라고 썼다. 1601년 벤 존슨도 같은 생각으로 '파란색은 진실함을 표현한다(bluenesse doth expresse truenesse.).'라고 했다. 심지어 19세기에는 웨딩드레스로 하얀색보다는 파란색이 적합하다고 생각했다. '결혼식에 파란 옷은 언제나 진리다.'

'빌려온 것' 역시 입던 옷과 다산에 관한 미신에 뿌리를 두고 있다. 아이를 낳은 젊은 기혼 여성이 입던 옷을 빌리면 신부에게 임신 능력이 생긴다고 여겼다. 오늘날에는 이 관습이 보통 빌려온 베일이나 티아라를 착용하는 것으로 이어지고 있다. 하지만 과거 수십 년 동안에는 신부가 빌려온 속옷을 입는 게 그리 이상한 일이 아니었다.

'새것'은 아마도 설명하기가 가장 쉬울 듯하다. 새것은 새 출발에 대한 부부의 희망을 나타낸다. 결혼식에서 신부가 그러하듯, 여러 문화의 통과의례 의식에서 주인공이 상징적으로 과거의 흔적을 벗어버리고 새로운 소지품을 갖고, 새로운 옷을 입고, 새롭게 집안을 배치하는 등 실질적으로 새 삶으로 '다시 태어나는 것'은 드문 일이 아니다.

샬럿이 기록으로 남긴 결혼식 민요에는 '그리고 그녀의 신발에 6펜스 은화 한 닢'이라는 가사가 추가되기도 한다. 이것은 빅토리아 시대의 전통으로 신부가 결혼 생활 내내 부유하게 살기 바라는 상징적 행동으로 해석된다. 하지만 신발에 동전을 넣는 풍습은 은에 액막이 부적의 특성이 있다고 믿었던 고대의 발상과도 이어진다. 실제로 1700년대에는 신랑이 신발에 동전을 넣었는데, 경쟁자가 질투심에 걸어두었을지 모르는 주문에 맞서기 위함이었다.

겨우살이 아래에서 입맞춤

　겨우살이 아래에서 입맞춤을 하지 않으면 제대로 된 크리스마스라고 할 수 없다. 빅토리아 시대 사람들은 그 풍습을 무척 즐겼다. 디킨스의 《픽윅 클럽 여행기》는 이 낭만적인 풍습이 가진 조금 위태로운 면을 보여준다. '(젊은 여성들은) 비명을 지르고 몸부림치다가 구석으로 달려간다. 방을 떠나는 것만 빼고 모든 것을 해보았다. … 그러다가 갑자기 더 이상 저항해도 소용없다는 것을 깨닫고 선선히 입맞춤을 받기로 한다.'

　겨우살이 아래에서 입맞춤을 하는 풍습이 확실히 자리를 잡은 것은 1700년대인 듯하다. 그 당시의 민속 문화에 대한 여러 기록에는 그 풍습에 적용되는 복잡한 규칙들이 설명되어 있다. 어떤 곳에서는 입맞춤이 한 번 허락될 때마다 열매를 하나씩 떼어내는데 마지막 열매는 마지막 입맞춤을 의미하게 된다.

　다른 지역에서는 젊은 여성이 구혼자의 입맞춤을 거부하면 가까운 시일

에는 결혼하지 못한다고 생각했다. 또 겨우살이를 다음해의 겨우살이로 바꿀 때까지 일 년 내내 걸어 두어야 하는 곳도 있었다.

그런데 왜 입맞춤을 나누는 것일까? 겨우살이 식물은 치유력이나 신성한 것과의 연관성 덕분에 수천 년 동안 숭배되어 왔다. 예수의 탄생 직전에 쓰인 베르길리우스의 서사시 《아이네이스》에서 영웅이 지하세계로 들어가기 위해 사용하는 것이 바로 겨우살이 가지이다. 그리고 서기 77년 대플리니우스가 기록한 바에 따르면 '(켈트족의 드루이드교인들에게) 겨우살이보다 더 신성한 것은 없다.'고 전한다. 그들은 겨우살이가 신이 내린 선물이라고 믿으며, 치유와 희생 제의의 핵심 재료로 사용했다. 또한 '(그들은 겨우살이로 만든 음료가) 생식능력에 영향을 미칠 것이고, 모든 독에 대한 해독제라고 생각했다.'고 쓰여 있다.

플리니우스는 동료 로마인들이 겨우살이가 임신에 효과가 좋다고 생각했다는 사실도 덧붙였다. '겨우살이는 (……) 여성들이 늘 지니고 다니는 습관을 들이면 수정을 촉진시킬 것이다.' 12세기 웨일스의 '머드파이의 의사들(Physicians of Myddfai)'도 이러한 믿음을 공유했고, 불임에 겨우살이를 처방해주었다.

고대의 사람들은 다른 모든 식물들이 굴복하는 겨울에도 생명력을 유지하는 상록수에 미혹되었다. 그렇게 '특별한' 위상은 기생식물이라는 겨우살이의 기이한 특성이 더해져 더욱 강력한 것이 되었다. 숙주가 되는 나무에서 영양과 물을 훔치는 겨우살이는 (다른 식물과는 달리) 땅에 닿을 필요가 전혀 없는 삶을 산다. 한편 겨우살이가 크리스마스와 밀접하게 엮여 있는 이유는 겨우살이 열매가 동지와 가까운 시기에 열린다는 사실에서 찾을 수 있을 것이다.

양의 탈을 쓴 늑대, 초심자의 행운

생전 처음 도전하는 일에서 이상하게 계속 성공하는 것처럼 보일 때가 있다. 그럴 때는 정말 '초심자의 행운'이 따르는 걸까?

'초심자의 행운'이란 말은 1800년대 후반부터 관용적인 표현으로 자리를 잡았다. 수많은 연구에서 행운과 불운의 이론을 뒷받침할 만한 과학적 근거를 찾으려고 노력했다. 그리고 기술이 필요한 게임에 관해서는 그 미신이 어느 정도 근거가 있는 것으로 보인다.

통계적으로 살펴보면 철저히 우연에 의존하는 활동, 즉 동전 슬롯머신이나 복권 등의 경우에는 초심자의 행운이 존재한다는 증거를 찾을 수 없다. 하지만 카드놀이나 다트처럼 참여자의 숙련도가 더 중시되는 게임에서는 초심자의 행운 효과가 있을 수도 있다.

그 이유에 대해서는 수많은 설이 있다. 그중 하나는 숙련된 참여자는 지면 안 된다는 압박감을 느끼는 데 반해, 신출내기는 어깨가 가볍기 때문이라는 것이다. 게임을 잘 이해하고 있으면 지금 상황이 무엇을 의미하는지, 앞으로 무엇이 잘못될 수 있는지 알고 있다는 뜻이고, 그래서 긴장하게 된다. 하지만 초보자는 아무 생각이 없이 게임에 임한다. 두 번째 설도 첫 번째와 관련이 있다. 아마추어는 경우의 수를 생각지 못하고, 무계획적인 방식으로 게임을 치르는 경우가 많은 반면, 전문가는 잘 정리된 전략이 있을 가능성이 높다. 그런데 게임이 예측을 벗어나거나 풋내기의 다음 수를 '읽기'가 불가능하면 숙련된 참가자는 당혹스러워한다. 만일 숙련자가 초심자의 행운 효과를 믿는다면 특히 자신이 초보자였을 때 그 행운을 직접 경험한 적이 있는 사람이라면 초보자를 상대하는 어떤 게임에서든 더욱 압박감을 느낄 수 있다.

어떤 상황에서는 초심자의 행운이 실제로 일어날 수도 있다. 하지만 신출내기가 게임에서 이기는 것은 보기 드문 일이기 때문에, 우리는 단지 그 상황만을 선택적으로 기억하기도 한다. 이를 '확증 편향'이라고 하는데 믿고 싶은 것만을 기억하는 것을 의미한다. 이 이론에 따르면 초심자의 행운을 믿는 사람은 그런 상황을 인지하고 기억을 저장할 가능성이 더 높다는 것이다. 설령 그 일이 극히 드물게 일어날지라도 말이다.

흥미로운 반전도 있다. 초심자의 행운을 경험하는 것이 언제나 좋은 일만은 아니라는 것이다. 노르웨이의 한 연구팀은 도박 중독자 4,000명을 대상으로 도박 중독의 위험 요인이 무엇인지 알아보기 위해 조사를 펼쳤다. 그 결과 대상자 절반은 도박을 시작할 때 초심자의 행운을 경험했다고 답했다. 그들은 그 성공을 재현하고 싶어서 여전히 도박판을 기웃거리고 있는 것이다.

빠진 이는 요정에게 바칠 것

대부분의 영어권 국가에서는 어린이들이 빠진 유치를 베개 밑에 숨기는 것이 흔한 일이다. 아침에 일어난 아이들은 이가 사라진 자리에 반짝이는 새 동전이 있는 것을 발견한다.

이의 요정에 관한 가장 초기 자료 중 하나는 1927년의 연극 <이의 요정 : 어린이들을 위한 3막 연극(Tooth Fairy: A Three)>이다. 작가 에스더 왓킨스 아널드는 이의 요정을 창조하진 않았지만, 기존의 구전 전통과 민간 신앙에서 영감을 얻었다.

그 생각이 어디에서 유래했는지를 두고 여러 견해가 있다. 하나는 고대 바이킹의 'Tand-fé(혹은 tann-fé)'라는 전통인데, 이 말은 글자 그대로 '이 값'이라는 뜻이다. 이곳에서는 어린이의 이가 빠졌을 때가 아니라, 첫 번째 이가 났을 때 선물이나 동전을 받는다. 중세 초기 아이슬란드의 전설에 실린 이야기에서는, 멜코르카 공주가 '첫 번째 이가 났을 때' 아버지인 왕에게서 금반지를 받았다. 북유럽 여러 나라에서 이의 요정은 'Tannfe(노르웨이와 핀란드)', 'Tandfe(스웨덴)', 'Tandfeen(덴마크)', 'Tandenfee(네덜란드)', 'Zahnfee(독일)' 등으로 불리는데, 이 이름들은 모두 '이 값'을 주는 이 풍습에서 유래한다.

요정들에게 이를 '선물'하는 풍습이 악한 정령들로부터 어린이들을 보호하는 중세 아일랜드와 영국의 전통에 연결된다고 보는 견해도 있다. 사람들은 특히 어린이와 아기가 악한 요정이나 정령에게 사로잡히기 쉽다고 믿었다. 그리고 아이를 대신하여 어린 이를 주면 요정들을 달랠 수 있다고 생각했다. 비슷한 맥락에서 어떤 민속학자들은 아이의 이가 어두운 힘을 쫓아버리는 역할을 했다고 주장한다. 부모들은 이에 소금을 뿌린 뒤에 잠자는 아이 곁에 두기도 했다.

베개 아래에 이를 둔다는 발상의 기원은 '보호 마법'에 있을지도 모른다. 아이들이 해를 입지 않게 지켜주기 위해 아이들의 베개 밑에는 가위나 말편자와 같은 물건들을 두곤 했다. 빠진 이는 불에 던지거나 묻기도 했다. 제물로 바치기 위해서 혹은 나쁜 정령이 이를 사용해 아이에게 주문을 거는 일을 막기 위해서였다.

이의 요정 대신 쥐가 나타나는 나라도 많다. 쥐는 튼튼한 이빨을 가진 동물로 부모들은 아이들의 이도 그렇게 되기를 바랐다. 이탈리아에서는 작은 토폴리노(Topolino, 어린 쥐)가 이를 동전으로 바꾸어 간다고 여긴다. 프랑스에서는 르 쁘띠뜨 수리(Le Petite Souris, 어린 쥐), 스페인과 다른 히스패닉 문화권에서는 라톤 페레스(Ratón Pérez, 쥐 페레스)가 어린이들을 방문한다.

2월 29일에만 청혼하세요

　남자와 여자는 동등하지만, 청혼에 있어서만은 그렇지 않은 것처럼 보인다. 오늘날과 같이 계몽된 시대에도 여자는 4년마다 한 번 돌아오는 날인 2월 29일에만 청혼해야 한다는 믿음이 널리 퍼져 있다. 결혼에 관한 이 이상하고 고루한 관습은 어디에서 온 것일까?

　많은 자료에 따르면 13세기의 의회제정법에서 그 유래를 찾을 수 있다. 스코틀랜드의 마거릿 여왕이 누구든 청혼을 하고 거절을 당한 여성은 상대로부터 무거운 벌금을 받도록 하는 법을 만들었다는 것이다. 이 이야기는 무척 혁신적이지만 그런 만큼 확실히 사실이 아니다. 또 5세기 아일랜드에서 성 패트릭과 성 브리짓이 그 전통을 만들어냈다는 이야기 또한 사실이 아니다.

　윤년은, 1년이 딱 맞아 떨어지는 365일이 아니라 365와 ¼일이라는 문제를 해결하는 방법이다. 4년마다 하루를 더하는 달력 교정법은 로마시대 이후로 실행되어 왔다. 2월 29일은 '제대로 된 날'이 아니라고 간주되었다. 따라서 그날은 사회의 규범과 행동이 엉망이 되는 '무질서의 축제일'에 가장 유력한 후보였을 것으로 보인다. 고대 로마 문화에서 달력 속의 변칙과 예외는 불길한 날로 표시되곤 했다.

　윤년의 전통을 언급한 초기 자료를 보면 청혼 대신 여성이 남성의 옷을 입는 것이 허락되는 풍습이 전해진다. 엘리자베스 1세 시대의 작품인 《처녀의 변신(The Maid's Metamorphosis)》에서 작가는 이렇게 쓴다. '주인님 안심하세요. 올해는 윤년이에요. 반바지와 속치마를 입은 여자들은 사랑하는 사람이에요.' 그리고 이 역할 반전의 날이 현대의 청혼 전통으로 변형된 것이 사실일 것이다.

많은 나라에서 윤년을 불길하게 여긴다. 그리스에서는 결혼을 피한다. 러시아와 우크라이나에서는 약혼이나 집장만처럼 인생에서 중요한 결정을 내려서는 안 된다고 생각한다. 이탈리아인은 특히 윤년에 대해 미신적인데 'Anno bisesto tutte le donne senza sesto(윤년에는 여자들이 변덕스럽다)'거나 'Anno bisesto, anno funesto(윤일이 든 해, 사악한 해)'와 같은 속담들이 있다. 북부 이탈리아에서는 윤년을 'a l'ann d'la baleina(고래의 해)'라고 부르는데 고대 민속 신앙에서 고래는 윤년에만 새끼를 낳는다는 믿음이 있었다.

너의 왼쪽 어깨 너머로 소금 뿌리기

실수로 소금을 흘렸을 때는 어떻게 해야 할까? 소금을 조금 집어서 왼쪽 어깨 위로 던지거나 불속에 던지면 된다. 만일 그렇게 하지 않으면 가정불화나 배신이 일어난다고 풍습은 경고한다.

이 미신은 어디서 유래한 것일까? 소금 미신과 관련해 오늘날까지 전해지는 한 가지 설화에 따르면 로마 병사들이 소금으로 임금을 지급받았다는 것이다. 소금은 너무나 귀한 자원이었기에 바닥에 흘린다는 것은 실로 불운한 일이었을 거라는 생각이다. 그러나 병사들이 소금을 보수로 받았다는 증거는 찾기 어렵다. 상식적으로 소금은 오늘날과 마찬가지로 로마 시대에도 발에 채일 정도로 흔한 것이었다. 물론 '급여(salary)'라는 말이 소금을 뜻하는 라틴어 'sal'과 관련이 있는 것은 사실이다. 하지만 새로운 설명에 따르면 로마 병사들의 임금인 'salarium'은 'salt money'로 해석될 수도 있다고 한다. 액수가 작은 용돈 수준의 돈을 말할 때 'pin money' 또는 'beer money(용돈이나 푼돈을 뜻함 – 옮긴이)'라고 하는 것과 같은 맥락이다.

이 미신에 대한 더 그럴듯해 보이는 설명은 고대 로마인들의 식탁에서 찾을 수 있다. 당시 권문세가에는 모두 '살리눔(salinum)', 즉 소금 그릇이나 소금 단지가 있었다. 이 소금 단지는 부족한 간을 맞추기 위해 식탁에 올렸을 뿐 아니라 의식적인 용도로 쓰이기도 했다. 예컨대 신들에게 음식 제물을 바칠 때는 먼저 소금을 뿌렸다. 성경 레위기에는 '네 모든 제물에는 소금을 바치라'는 문장이 등장한다. 소금 그릇은 또한 그 가정을 상징하는 물건이 되었고 손님들에게는 흥겨움과 충의, 우정의 징표로 돌려졌다. 소금 그릇을 쓰러뜨리는 것은 다툼이나 배신의 조짐 또는 예언으로 생각되었다. 이런 불길한 징조에는 와인을 쏟거나 재채기를 하는 것 혹은 특정한 말을 듣는 것 등도 포함되었다.

15세기 말, <최후의 만찬>을 그리면서 레오나르도 다빈치는 이 고대의 믿음을 은밀히 집어넣었다. 그림을 자세히 들여다보면 유다가 손목으로 소금 그릇을 넘어뜨리는 장면을 볼 수 있다. 예수의 사랑과 환대를 거부하고 배반하려는 의도를 나타내는 숨은 상징이다. '소금을 배신하지 마라'라는 문구는 인도 서부에서 알제리에 이르기까지 폭넓은 지역에서 여전히 사용된다. 서구의 '먹이 주는 사람의 손을 물지 마라'는 속담과 같은 맥락이다.

처음 낳은 달걀은 베개 밑에

20세기까지만 해도 잉글랜드에서는 해가 진 뒤에 달걀을 집안으로 들이거나 집밖으로 들고 나가거나 또는 파는 것을 불길하다고 여겼다. 쌍알은 대략 1,000개 중에 1개만 나오는데, 곧 결혼을 하거나 돈이 들어오거나 쌍둥이를 갖게 된다는 것을 의미했다. 그리고 풍습에 따르면 삶은 계란을 먹은 뒤에는 껍데기를 부수거나 아래쪽에 구멍을 뚫어야 한다. 1686년 토머스 브라운은 이것이 '마녀들이 그 안에 이름을 쓰거나 그리지 못하도록…… 그리고 해를 가하지 못하도록' 하기 위한 것이라고 썼다.

이탈리아에서는 포도밭에서 계란을 깨뜨리면 수확물을 지켜줄 거라고 믿었다. 프랑스에서는 13명이 저녁을 먹을 경우, 식탁에 사람을 더 앉히는 대신 달걀을 놔두면 불운을 피할 수 있다고 생각했다.

잉글랜드와 아일랜드 민간 신앙에 따르면 달걀로 미래에 일어날 사건을 예견할 수 있다. 특히 여성의 경우, 어린 암탉이 처음 낳은 알을 베개 밑에 넣어 두면 미래의 배우자를 볼 수 있다. 그리고 달걀이 나오는 꿈을 꾸면 임신을 하게 될 징조다. 혹은 달걀흰자를 물에 떨어뜨려 어떤 형태로 뜨는지 살피면 남편감이 될 사람의 직업을 알 수 있다고 믿었다. 달걀은 열이 나지 않도록 해주고, 소원을 들어주거나 운을 알려주기도 한다.

민간 신앙에서는 왜 달걀을 그토록 중시한 걸까? 한 가지 견해는 달걀은 새로운 생명을 뜻하는 너무나 가시적인 신호이기 때문이라는 것이다. 달걀은 번식과 부활을 의미하는 상징이 되었다. 이집트 신화에서 스칸디나비아의 전설에 이르기까지, 여러 문화의 창조 신화가 알 하나에서 시작하거나 어떤 방식으로든 '부화'한 우주나 정령을 가지고 있다.

다른 의견도 있다. 달걀이 근근이 살아가는 사람들을 먹이는 데 너무나 절대적으로 필요한 역할을 했기 때문에 신화에 버금가는 위상을 누리게 되었다는 주장이다. 달걀은 단백질과 에너지의 귀한 공급원이지만 결국은 더 많은 달걀을 낳을 수 있는 어미 닭으로 자란다. 이렇게 마법처럼 저절로 지속되는 음식 공급원은 드물다. 알에서 새 생명이 탄생하는 것을 보면서 원시시대의 사람은 경외감과 감격에 벅차올랐을 것이다. 이미 6만 년 전 사람들이 달걀을 제의에 쓰려고 조심스럽게 보관하고 장식했다는 고고학적 증거도 있다.

달걀은 신비로운 이미지도 갖고 있다. 껍질을 깨뜨리지 않는 한, 안에 무엇이 들어 있는지 알 수 없다는 데서 비롯된 생각이다. 달걀은 약하지만 동시에 놀랍도록 튼튼하다. 순수하지만 여성의 생리 주기와도 관련되어 있다. 의식과 미신은 종종 일상적 경험 밖에 있거나 설명하기 어려운 현상의 주변에서 나타난다. 그리고 달걀은 바로 그 완벽한 예시이다.

크리스마스 케이크에 숨은 동전 찾기

트리나 반짝이 장식, 칠면조가 빠지면 크리스마스가 아닌 것처럼 숨겨진 6펜스 은화를 찾으려고 크리스마스 푸딩을 돌아가며 쑤셔보는 장면 또한 축제의 일부로 자리 잡았다. 그런데 그 기원은 어디를 찔러봐야 찾을 수 있을까?

이야기는 유서 깊은 요리 전통인 '12번째 케이크(Twelfth Cake)'로 거슬러 오른다. 크리스마스가 단 하루에 집중된 것은 최근의 일이다. 중세 초기에서 1900년대 초기까지만 해도 크리스마스 축하는 12월 25일에 시작하여 1월까지, 더 정확하게는 12일절 전야까지 계속되었다.

'12일'은 의미심장한 날짜였다. 크리스마스 축일의 마지막을 나타낼 뿐 아니라, 더 중요하게는 세 동방박사가 예수를 찾아간 날을 기념하는 주현절의 전야였기 때문이다.

주현절 기념 의식에서 노래와 음주, 연회와 더불어 가장 핵심적인 부분은 12번째 케이크('킹 케이크'라고도 부른다)였다. 케이크를 굽기 전, 말린 콩과 완두콩을 숨겨 넣었다. 전통에 따르면 말린 콩을 발견한 남자는 연회가 계속되는 동안 '실정의 왕(lord of misrule, 크리스마스 파티의 주재를 맡았던 관직의 이름)'으로 선정되고, 완두콩을 찾은 여자는 '여왕'이 된다. 두 당사자는 축제 행사를 이끄는 책임을 맡고, 변장을 하거나 (이성의 옷을 입고) 외설적인 게임을 준비한다.

빅토리아 시대에 접어들어 더욱 침착하고 가족 중심적인 크리스마스가 자리 잡으면서 12번째 케이크의 인기는 쇠퇴했다. 하지만 케이크 안에 물건을 숨기는 풍습은 여전히 남아 있었다. 크리스마스 무렵 연회의 후식으로 중탕으로 익힌 크리스마스 푸딩(중세시대의 과일 포리지에서 비롯된 요리)을 먹었는데 그 안에 작은 액세서리를 넣어 조리했다.

내년에는 돈 많이 벌게 해달라는 의미로 은화를 자주 넣었지만 이밖에도 은으로 만든 위시본(소원 빌기, V자 형태를 띤 새의 뼈 - 옮긴이), 말편자(행운), 단추(우정) 그리고 작은 종(액막이)처럼 더 호화로운 액세서리도 사용되었다. 은 골무가 나올 때도 있었는데 이는 절약이나 독신의 삶을 뜻하는 것이었다.

케이크 안에 든 장신구들은 유럽 전역에서 발견된다. 프랑스에서는 주현절 전야에 여전히 '갈레트 데 루아(galette des rois)' 또는 '가토 데 루아(gâteau des rois, 왕의 케이크)'라고 하는 케이크를 먹으며 기념한다. 그 안에는 도자기로 만든 작은 인형이나 장식품을 넣었다. 도자기 재질의 액세서리는 콩을 뜻하는 '페브(fève)'라고 불린다. 뉴올리언스에서는 축제 참가자들이 마르디 그라 킹 케이크에 도자기나 플라스틱으로 만든 아기 인형을 넣는다. 누구든 그것을 발견하면 그 해에 운이 좋다고 한다. 스페인[로스콘 데 레예스(roscón de reyes)]과 라틴 아메리카[로스카 데 레예스(rosca de reyes)]에서도 이와 유사한 왕의 반지 케이크를 즐긴다.

DARK

Introduction_

대부분의 미신이 삶에 무해하거나 도움이 되기도 한다. 하지만 미신에는 어두운 면도 있다. 우리가 사는 이성적이고 과학적인 세계에서도 여전히 미신적인 습관은 행동에 영향을 미칠 수 있다. 그리고 언제나 좋은 영향을 끼치는 것도 아니다. 손가락을 교차하거나 데이지 꽃잎을 줍는 것이 사회 전반에 문제를 일으킬 수 있다고 주장할 사람은 거의 없을 것이다. 하지만 많은 미신들은 오늘날에도 건재하고, 어디든 고개를 드는 곳에서는 해를 가할 수 있다.

숫자 13을 예로 들어보자. 최근의 조사에 따르면 영국에서 13호 팻말이 붙은 집은 이웃집보다 평균 3퍼센트 정도 집값이 싸다. 큰 차이가 아니라고 무시할 수도 있겠지만 평균 주택 가격을 고려하면 9000파운드에 달하는 돈이다. 또 조사에 참여한 사람들 중 3분의 1이 13이 들어간 집은 사지 않겠다고 답했다. 게다가 전체 응답자의 4분의 1은 13일에는 집을 계약하거나 이사하지도 않겠다고 답했다. 사람들이 일생에서 가장 큰 돈을 들여서 하는 일이 미신의 영향을 받는다고 생각하면 믿기지 않는 일이다.

가엾은 늙은 검은 고양이는 또 어떤가? 수세기에 걸친 미신 덕분에 검은 고양이들은 여전히 손가락질을 당하며, 애완동물 구조센터의 유기묘 중에 반이 넘는 수를 차지하고 있다. 그들은 새 주인을 찾을 가능성도 가장 낮다. 까치를 보면 불운과 도둑질이 연상되는 것을 막기가 어렵다. 까치는 사람들이 대놓고 혐오하는 새가 된 것 같다. 그리고 그들에게 토박이 명금(songbirds, 참새목의 작은 새)들의 감소에 대한 책임을 서슴지 않고 돌린다. 하지만 최근의 연구는 서식지 상실과 살충제의 남용이 원인일 가능성이 더

크다는 것을 보여준다.

더욱 으스스한 일은 마법에 대한 미신이 여전히 광범위하게 퍼져 있다는 사실이다. 마법에 대한 믿음은 사하라 사막 남쪽 아프리카 전역에 흔하다. 최근 조사는 응답자의 절반 이상이 마법이 진짜라고 생각한다는 것을 보여준다. 18개국에 걸친 여론 조사에서 마녀를 믿는 사람들의 수는 (우간다의 15%에서 아이보리코스트의 95%에 이르기까지) 폭넓게 나타난다. 하지만 공통된 점은 사람들이 여전히 불운이나 질병을 다른 사람들이 보낸 사악한 주문의 결과라고 믿는다는 사실이다. 마법 때문에 비난받고 있는 어린이들, 여성들, 사회의 외부자들에게 돌아오는 결과는 참혹하다. 그들은 결국 폭력과 상해, 살인의 희생자가 된다. 이것은 아프리카에만 국한된 문제가 아니다.

파푸아뉴기니와 시우디아라비아를 비롯한 여러 나라에서 사람들은 여전히 마녀를 믿고, 미신의 영향을 받는다. 서구 세계 역시 마녀의 그물에서 벗어나지 못했다. 미국에서 실시한 최근 조사에서는 응답자의 42%가 이 지구에 사는 사람들이 때로는 악령에 홀린다고 믿고, 21%는 마녀의 존재를 믿는다고 말했다.

이성적으로 대처해야 마땅한 문제 앞에서 미신이 영향을 미친다면 문제가 된다. 우리가 미신을 통해 의미를 찾거나 진실이 아닌 것들 사이에서 연관을 찾아내려고 하는 순간, 진짜 답으로 가는 길이 가로막힌다. 이를테면 질병에 관한 미신은 사람들이 의학적 도움이나 개입을 거부하게 만들 수도 있다. 행운이나 능력에 관한 미신은 적절한 대비를 못하게 만들어 결과를 뒤바꿀 수도 있다. 앞선 연구 결과는, 미신을 잘 믿는 사람들이 심지어 도박처럼 위험한 활동에 참여할 가능성이 높다는 것도 보여준다.

미신에 사로잡히게 되면 증거나 개연성에 근거한 이성적인 판단을 내리는 것이 힘들어진다. 달리 말해, 그들은 덜 생각하고 더 위험을 감수한다. 미신적인 행동은 자기 강화가 될 수도 있다. 만일 당신이 취업 면접을 앞두고 행운의 부적을 잊었다면 불안감이 커져서 면접관의 질문에 제대로 답변하지 못할 수도 있다. 그러니 네잎클로버를 따려고 손을 뻗거나 말편자를 매달기 전에 '열심히 일할수록 운도 더 좋아진다.'라는 오래된 격언을 상기하는 것이 좋을 것 같다.

금을 밟으면
엄마 등이 부러질 거야

1959년 아이오나 오피와 피터 오피는 《학령기 아동의 민담과 언어(The Lore and Language of Schoolchildren)》를 출간했다. 어린이 5,000명을 관찰한 결과를 토대로 진행한 연구는 어린 시절에 가지는 믿음의 매혹적이고 마술적인 세계를 각종 동요와 수수께끼, 놀이와 함께 보여준다.

처음으로 놀이터에서 벌어지는 어린이들의 이야기와 풍습을 자세히 들여다본 이 연구를 통해, 어린이들도 어른들과 다를 바 없이 미신을 믿는다는 사실이 분명해졌다. 그리고 어린 나이에 알게 된 그 믿음들은 성년기까지 지속되는 경우가 많다는 것도 밝혀졌다.

이런 미신들 중에서 잘 알려진 게 보도에서 금 밟지 않고 걷기다. 미국 어린이들은 이런 동요를 줄줄 왼다. '금 밟으면 너희 엄마 등이 부러질 거야.' 지역에 따라 엄마 등은 '할머니 등'이나 '악마의 등'으로 변형되기도 한다.

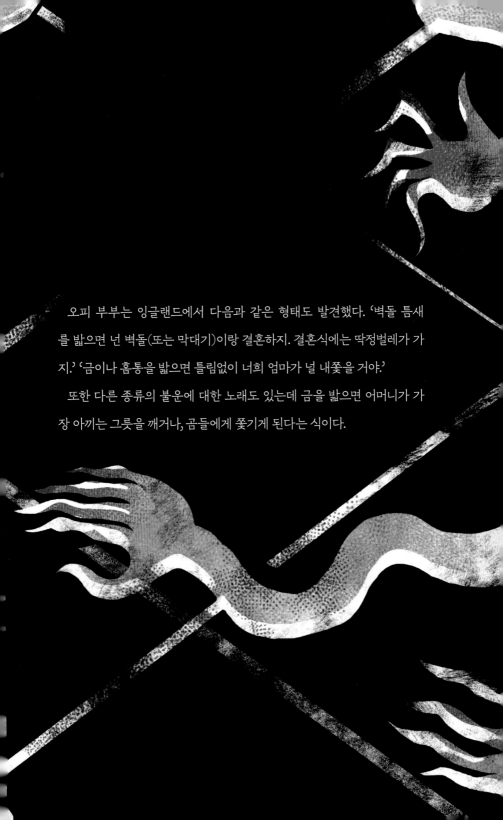

오피 부부는 잉글랜드에서 다음과 같은 형태도 발견했다. '벽돌 틈새를 밟으면 넌 벽돌(또는 막대기)이랑 결혼하지. 결혼식에는 딱정벌레가 가지.' '금이나 홈통을 밟으면 틀림없이 너희 엄마가 널 내쫓을 거야.'

또한 다른 종류의 불운에 대한 노래도 있는데 금을 밟으면 어머니가 가장 아끼는 그릇을 깨거나, 곰들에게 쫓기게 된다는 식이다.

잉글랜드에서는 1900년대부터 1950년대 사이에, 당시의 인종차별주의를 반영하여 노랫말이 불쾌하게 변했다. 금을 밟으면 흑인 아기를 낳거나 흑인 남자와 결혼하게 된다는 것이다.

이런 풍습을 기록한 가장 초기의 자료는 1890년 런던까지 거슬러 올라가지만 오늘날에도 성인들 사이에 퍼진 보편적인 미신들 가운데 5위에 꼽힌다. 우리 중에 절반 정도는 보도에 난 금을 피해간다고 인정한다는 것이다. 하지만 이런 균열과 불운의 관련성은 훨씬 더 먼 옛날부터 찾을 수 있을지 모른다. 이를테면 역사적으로 유럽과 아프리카계 미국인의 문화에 속한 많은 사람들은 갈라진 금을 현실 세계와 초자연적인 세계를 잇는 연결고리로 받아들였다는 가설이 있다. 벽과 문 사이의 균열이든지 바닥과 바위에 난 균열이든지, 갈라진 틈은 인간과 영적 세계가 만나는 장소라고 믿는 것이다. 사람들은 이 틈을 통해 귀신이나 요정이 들어온다고 생각했다. 그리고 건강이 좋지 않을 때는 치아나 머리털 뭉치처럼 아픈 사람에게서 가져온 물건을 바닥이나 나무 몸통 또는 출입구에 난 틈에 놓아두면 치료될 수 있다고 믿었다.

미로 같은 마녀의 표식에 귀신 가두기

마녀의 표식 또는 '헥스포일(hexfoil)' 문양은 귀신을 물리치고 행운을 불러들이기 위해 헛간이나 교회, 기타 건물 등의 벽이나 나무에 새겼다.

이 표식은 수세기 동안 주목받지 못했다. 흔적이 너무 희미해서 촛불에 비쳐도 보이지 않거나, 종종 석공의 표식으로 오해받았다. 하지만 1967년 케임브리지 대학의 바이올렛 프리처드가 지역 교회에서 기이한 문양을 발견하고 이를 논문으로 발표하면서 세간의 관심을 끌게 되었다.

아직 연구로 밝혀진 내용이 많진 않지만 중세 그라피티(graffiti)에 대한 관심은 점점 커져갔다. 아주 오래된 이 그라피티는 파괴적인 낙서와는 달리, 특정한 목적을 띤 것으로 밝혀졌다. 현대 사회에서는 그라피티를 무분별한 훼손으로 보지만 사실 오래 전에 새겨진 이 문양들은 과거로 통하는 창문이었다. 초기 그라피티는 의미와 기능을 모두 가지고 있었다. 소외된 세대가 닥치는 대로 끼적거린 현대의 낙서와는 거리가 먼 이 그라피티들은 중세 교회 신도들의 희망과 두려움을 대변한다.

이 표식들은 마녀와 미신에 대한 믿음이 일상의 일부였던 시대에서 기원한다. 중세시대 마을에서는 교회 의식과 민간 신앙이 공존했다. 쟁기를 축복하는 일을 비롯하여 갓난아기들이 사악한 힘에 해를 입을지 모른다는 두려움에 이르기까지, 마법과 의식은 가정과 교회 생활 양쪽에서 중심이 되었다.

남자들과 여자들은 기원의 뜻으로 혹은 행운을 부르는 의미로 특정한 기호를 새겼다. 가장 흔한 것은 '데이지 휠' 또는 '헥스포일'이라고 부르는 문양이었다. 이 문양들은 끝없이 이어지는 선들로 이루어져 있는데 사악한 영을 혼란에 빠뜨려 함정에 옭아매기 위해서다. 다른 표시로는 '펜탱글(오각형 별 모양)'과 십자모양, 동심원 등이 보편적으로 쓰였고, 'VV'나 'AM'과 같은 글자들을 엮어서 성모 마리아를 뜻하는 모양도 있다.

다른 그림 기호들도 있다. 항해하는 배와 신발, 악령, 음표, 풍차와 같은 기호들은 무사귀환과 풍작, 내세의 보호를 바랐던 당대 사람들의 소망을 보여준다.

이전까지의 연구는 교회에서 발견되는 그라피티에 초점을 두었다. 교회에는 개조나 철거로 훼손되지 않은 그라피티가 있을 가능성이 높기 때문이었다.

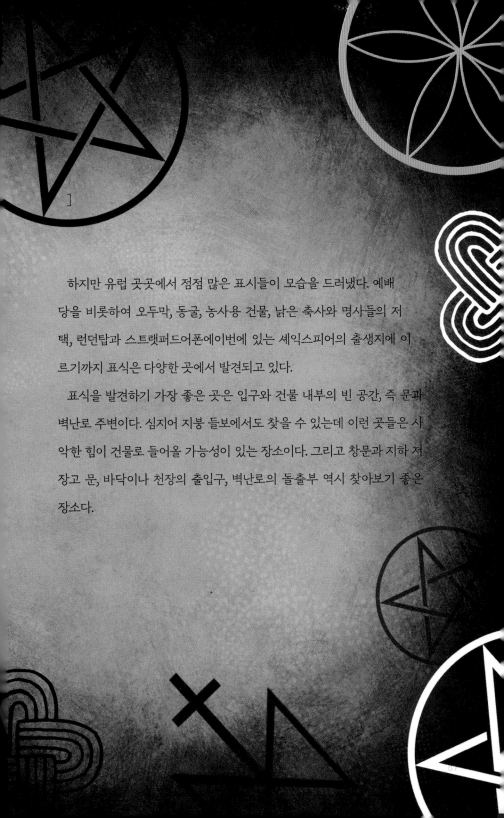

하지만 유럽 곳곳에서 점점 많은 표시들이 모습을 드러냈다. 예배
당을 비롯하여 오두막, 동굴, 농사용 건물, 낡은 축사와 명사들의 저
택, 런던탑과 스트랫퍼드어폰에이번에 있는 셰익스피어의 출생지에 이
르기까지 표식은 다양한 곳에서 발견되고 있다.

표식을 발견하기 가장 좋은 곳은 입구와 건물 내부의 빈 공간, 즉 문과
벽난로 주변이다. 심지어 지붕 들보에서도 찾을 수 있는데 이런 곳들은 사
악한 힘이 건물로 들어올 가능성이 있는 장소이다. 그리고 창문과 지하 저
장고 문, 바닥이나 천장의 출입구, 벽난로의 돌출부 역시 찾아보기 좋은
장소다.

입에 올리면 안 되는 이름, 맥베스

연극계에서 가장 장수하는 미신이 있다. 셰익스피어의 작품인《맥베스》의 저주다. 작품 제목을 입에 올리는 배우는 저주를 받아 자신과 동료 연기자들을 불행에 빠뜨린다고 전한다 (그래서 '맥베스'라는 제목 대신 '스코틀랜드 연극(The Scottish play)'으로 부른다. – 옮긴이).

전설에 따르면 이 작품은 초연부터 저주를 받았고, 이후에도 우여곡절이 많았던 것처럼 보인다. 우선 1600년대 초반, 작품이 처음 무대에 올려졌을 때 레이디 맥베스 역을 맡기로 했던 어린 소년 배우가 갑자기 사망했다(이 사건과 관련된 기록은 찾을 수 없다.). 그리고 1672년 암스테르담 공연에서는 한 배우가 다른 배우를 칼로 찌르는 사고가 일어났다고 알려졌다. 몇 년 후 런던에서 재공연을 앞둔 개막일 밤에 영국 역사상 가장 끔찍한 폭풍이 몰아닥쳤다.

관객이 난동을 일으키기도 했는데 1721년 링컨스 인 필즈 극장과 1772년 코번트 가든에서는 폭력 사태가 벌어졌다는 기록이 남아 있다. 1849년 뉴욕 공연 중에는 관객이 충돌을 일으켜 22명이 사망하고 100명이 넘게 부상을 당했다. 다른 공연에서도 끈질기게 사고가 잇달았다. 배우들이 무대에서 곤두박질쳐 떨어지거나 의문의 죽음을 맞기도 했다. 1937년 런던의 올드 빅 극장에서는 무대 장치 누름쇠가 떨어지면서 로런스 올리비에(Laurence Olivier, 1907~1989, 셰익스피어 극 연기로 높은 명성을 얻은 영국의 연출가이자 배우 – 옮긴이)가 목숨을 잃을 뻔한 일도 있었다.

그런데 왜 미신이 되었을까? 셰익스피어 공연을 즐겨 보았던 많은 관객들은 아마도 초자연적인 존재의 힘을 믿었을 것이다. 작품이 처음 무대에 올랐을 당시에는 대부분의 사람들이 전혀 의심 없이 '마법'을 진짜라고 확신하고 있었고, 스코틀랜드 국왕 제임스 6세도 예외가 아니었다. 자연히 관객들은 마녀들을 묘사한 모습과 악행들을 지켜보며 불안을 느꼈을 것이다. 게다가 작품에 표현된 저주와 주술적인 요소들은 마법에 관한 '실제' 기록에서 가져온 것이라고 알려져 있었기 때문에, 그 작품이 작품 자체에 혹은 출연 배우들에게 저주를 걸었다고 믿기에 이르지 않았을까?

작품의 내용과 연출에 중점을 두는 견해도 있다. 《맥베스》는 음울하고 격렬한 작품으로 밤에 공연하거나 혹은 빛을 차단한 무대에서 상연하도록 집필되었다. 이 때문에 초창기에는 컴컴한 곳에서 촛불을 켜둔 채 공연하거나 밤 시간에 공연을 했는데, 이 때문에 실수를 연발하는 희극(a comedy of errors, 셰익스피어의 희극 작품 제목이기도 하다. - 옮긴이)이나 로맨스 극보다 위험했던 것이 사실일지 모른다. 그러나 가장 적절한 이유는 아마도 《맥베스》가 세상에 나온 지 400년도 넘은 작품이고, 그런 만큼 사건사고의 역사가 축적될 만큼 시간도 충분했다는 데 있는 것 같다. 더구나 맥베스의 '저주'는 연극계에 너무나 잘 알려져 있어서, 어떤 사고가 일어나면 사람들은 자연스럽게 맥베스를 떠올리며 그 미신의 생명력을 연장시켰다.

길조에서 흉조로, 공작 깃털

공작 깃털이 불행을 가져온다는 미신이 있다. 많은 사람들이 공작 깃털을 집안에 두거나 옷 장식으로 달기를 꺼린다. 배우들 역시 무대에 공작 깃털이 있는 것을 용납하지 않았다고 알려져 있다.

공작은 인도가 원산지이지만 수세기 동안 유럽 여기저기에서 날개를 펴고 활보해왔다. 2000년 전 이 휘황찬란한 새들은 동양에서 지중해 국가로 수입되어 로마 시대가 끝날 때까지 어마어마한 개체가 번식했다. 이 시기에 이탈리아에서 수천 마리의 공작새들이 사육된 것으로 추정되며, 그곳에서 프랑스와 잉글랜드로 산 채로 수출되었다.

오늘날에는 공작을 관상용 새로 보지만, 원래 용도는 값비싼 별미였다. 1251년에 헨리 3세의 크리스마스 파티에는 구운 공작 120마리가 포함되어 있었고, 15세기 요크 대주교를 위한 연회에서는 100마리가 조리되었다. 이 시기에 공작들은 눈에 띄는 소비와 지위의 상징이었다. 그리고 공작은 신의 표식을 발견하고 싶어 하는 적극적인 기독교인에게도 의미가 있었다.

공작이 지중해에 등장하자마자 이 낯설고 이국적인 새에 의미가 부여되었다. 사람들은 공작의 살은 결코 부패하지 않는다고 믿었다.

또 공작새들이 매년 깃털갈이를 한다는 사실이 알려졌다. 바로 이 두 가지 이유로 공작은 초기 기독교에서 부활과 영생의 강력한 상징이 되었다. 공작의 깃털에 있는 여러 개의 '눈' 역시 신의 '만물을 꿰뚫어보는 눈'으로 상징화되었다. 잉글랜드와 이탈리아의 기독교 예배에서는 15세기까지 공작 깃털로 만든 부채가 사용되었다.

흥미롭게도 공작이 가지고 있던 기독교적 상징으로서의 의미가 쇠퇴함과 동시에 사람들은 공작에 혐오스런 이미지를 입히기 시작했다. 중세 초기 무렵 공작은 낯설고 기괴한 생김새를 갖고 있으며, 잠재적인 위협이 가득한 새로 여겨졌다. 바르톨로메오(Bartholomaeus Anglicus)는 13세기 저서인 《사물의 특성들에 관하여(De proprietatibus rerum)》에서 이렇게 지적했다. '공작은 흔들리기 쉽고 사악하게 생긴 머리를 가지고 있다. 뱀의 머리처럼 생긴. (……) 그리고 자기 깃털의 아름다움에 경탄하며 머리를 둥그렇게 에워싸도록 깃털을 들어올린다. 그리고 발을 보더니 발의 불결함을 보고 부끄러운 듯이 갑자기 깃털을 떨어뜨리고, 마치 깃털의 아름다움에는 관심이 없는 것처럼 꼬리를 모두 아래로 내린다. 누군가가 말했듯이 공작은 악마의 목소리와 뱀의 머리와 도둑의 걸음을 가지고 있다."

18세기에서 19세기 사이에 공작 깃털에 관한 미신은 절정에 달한다. 공작의 깃털은 '악마의 눈 주문(죽음이나 고통, 불운을 안겨줄 수 있는 눈빛)'을 던질 수 있고, 울음은 비가 오는 날씨나 뜻밖의 곤경을 예견하는 불길한 소리로 여겨졌다.

다행히 인도와 중국에서는 공작을 아주 좋아해서, 알록달록한 깃털은 화합을 복원하고 부활을 촉진한다고 여긴다. 불교와 힌두교 신화에서도 모두 상서로운 새로 받아들여지는데 공작 깃털을 집에 두면 번영과 행운을 보장한다고 믿는다.

개처럼 생긴 괴생물체 이야기

셜록 홈스는《바스커빌 가의 개》에서 데번셔의 음울하고 안개 낀 황무지를 공포에 떨게 만드는 거대한 짐승의 존재를 조사한다. 책은 출간 즉시 날개 돋친 듯 팔렸다. 이 고딕풍 이야기에 등장하는 수수께끼 같은 괴생명체는 에드워드 7세 시대의 독자들에게 이미 익숙한 민담에 그 기원을 두고 있다.

오랫동안 검은 개들은 초자연적인 현상과 연관이 깊었다. 야산이나 황야 혹은 해변의 낭떠러지에 출몰한다고 알려진 기괴한 개 이야기는 지역에 따라 변형된 모습으로 수없이 존재한다.

블랙 셔크(Black Shuck) 이야기는 그중에서 가장 오래되고 잘 알려졌다. 1577년 블랙 셔크는 영국 서퍽주의 교회에 씻지 못할 피해를 입혔다고 전한다. 2명이 목숨을 잃었고, 괴물이 지나간 자리에는 검게 그을린 흔적이 남았다. 당대의 작가였던 에이브러햄 플레밍은 《기이하고 무시무시한 불가사의(A Straunge And Terrible Wunder)》에서 그 무시무시한 생명체를 다음과 같이 묘사했다.

— 이 검은 개, 혹은 비슷한 것을 찾자면 악마와 다름없는 이 개는 [전지전능하신 신이시여('악마'를 입에 올렸기 때문에 액막이용으로 신을 찾은 것 - 옮긴이)] 대단히 민첩하고 믿을 수 없이 날쌔게 교회 본채로 뛰어들어 사람들 사이를 날뛰었다. 눈에 띄는 형태와 모양을 한 개는 무릎을 꿇은 채 기도에 심취해 있는 것 같은 두 사람 사이를 지나갔다. 그리고 순식간에 두 사람의 목이 뒤로 꺾이더니 그 자리에서 이상한 죽음을 맞이했다.

이와 유사한 검은 개 이야기가 잉글랜드를 중심으로 광범위하게 발견된다. 예를 들어 (샬럿 브론테의 《제인 에어》에 언급되는) 요크셔의 가이트래시(Gytrash)와 플랑드르의 야수와 스코틀랜드의 쿠시(Cú-Sith), 중앙아메리카 민담의 유령 같은 검은 개 카데호(Cadejo) 등이 좋은 예다.

왜 개들이 사악한 힘과 밀접하게 연결되었는지 확실하게 밝혀진 것은 없다. 다만 몇 가지 사실에 토대를 두고 짐작해 볼 따름이다. 예컨대 고대 그리스와 고대 북유럽 신화에서 개들은 지하세계의 입구를 지킨다. 검은 색깔은 오랫동안 영적인 어두움과 불행에 연결되어 있었다. 검정은 감추는 색이며 공허와 밤의 색이다. 또한 검은 개의 전설이 처음 시작되었을 때 사람들이 가장 흔히 두려워하고 혐오하는 동물인 늑대가 유럽의 시골지역을 여전히 배회했다는 사실도 주목할 만하다.

 좀 더 최근에는 보드민 무어의 야수와 엑스무어의 검은 야수와 같은 사례들이 앞선 신화들이 남긴 자취를 이용하여 대중의 관심을 사로잡았다. 그 괴생명체의 정체에 대한 추측이 계속되면서, 아마도 부도덕한 주인들에게 버려지거나 동물원에서 탈출한 퓨마와 같은 거대한 외래종 고양이과 동물일 것이라는, 무난하지만 여전히 안개에 가려진 합의에 이르렀다.

죽은 자의 손에 깃든 신비한 힘

수세기 동안 유럽 전역에서는 죽은 사람의 손이 닿으면 병이 낫는다고 믿었다. 특히 (낭종이나 갑상선종과 같은) 얼굴과 목의 질병들이 낫는다고 생각했다. 그러나 평범하게 살다 간 사람은 안 되고, 최근에 때 이른 죽음을 맞이한 사람의 손이어야 했다. 자살이나 가족에게 닥친 비극적인 일로 목숨을 잃은 시신에는 접근하기가 어렵다는 것을 고려해볼 때, '죽은 자의 손'을 만질 수 있는 유일한 방법은 공개 처형식에 가는 것이었다.

1700년대에서 1800년대 후반의 신문 기사에서는 구경꾼들이 사망한 범죄자들의 손을 잡고 자신이나 병에 시달리는 아이들에게 문지른다는 글귀가 나온다. 1758년의 <신사의 잡지(Gentleman's Magazine)>에서는 다음과 같이 표현했다.

불행한 사람이 교수형에 처해지는 동안, 생후 9개월쯤으로 보이는 아이는 사형집행인의 손으로 보내졌다. 사형집행인은 시신들의 손 가운데 하나를 집어 들어 아이의 얼굴을 아홉 번 쓰다듬었다. 아이의 한쪽 뺨에는 종기가 있는 것 같았다. 그리고 앞서 언급한 대로 오랫동안 유행해온 미신적인 생각에 따라 이 접촉이 병을 낫게 해준다고 믿는다.

토머스 하디는 이와 관련한 단편 소설까지 썼다. <저주받은 팔(The Withered Arm)>(《웨섹스 테일스》, 김회진 역, 우용출판사, 2002)에서 여성 거트루드는 다음 번 처형식에 가면 아픈 팔이 나을 수 있다는 말을 듣는다. 1840년에 출생한 하디는 작품이 실화에 바탕을 두고 있다고 주장했다.

그렇게 섬뜩한 '치료법'에 대한 설명을 이해하기는 어렵다. 하지만 미신과 의술은 역사의 대부분에서 붙어 다닌다. 의사들은 자주 '신의 손길'의 힘을 믿었다. 혹은 죽은 범죄자의 영혼이 속죄하는 뜻에서 질병을 가져가는 능력이 있다고 믿었다. 심지어 근대 의학의 창시자 중 한 명인 윌리엄 하비조차 '때때로 보람 없이 시도했지만, 종종 훌륭한 성공과 함께' 죽은 자의 손으로 환자를 치료했고, 특히 '한동안' 계속했을 때 효과가 좋다고 생각했다.

현실적으로 보면 당시 외모의 손상으로 고통 받는 사람들에게는 대안이 거의 없었다. 안면 낭종과 다른 질환을 위한 수술은 어처구니없이 비쌌고 끔찍한 흉터를 남기기 일쑤였다. 반면 약초 찜질처럼 장기간 치료하는 요법은 좀처럼 도움이 되지 않았다. 많은 사람들에게 교수형 집행식도 즐거운 나들이의 하나였다는 점을 고려하면, 그 행사에서 '치료'를 받는 것은 덤처럼 여겨졌을 것이다. 이 미신은 지역에 따라 조금씩 변형되어 죽은 자의 손을 잡으면 임신을 막는다는 미신, 그리고 '영광의 손(범죄자가 교수대에 걸려 있는 동안 자른 손을 보존한 것으로, 초자연적인 힘이 있다고 믿었다. 시기나 지역에 따라 손의 방향, 범죄자의 성별, 저지른 범죄의 종류 등이 다르게 특정되기도 한다. – 옮긴이)'에 담긴 어두운 믿음 등으로 나타났다. 아일랜드에서 러시아까지, 유럽 전역에서 강력범들의 절단된 손에 관한 이야기가 열성적으로 다시 회자되면서, 절도범들이 죽은 범죄자의 절인 손을 이용해 집안에 있는 모든 사람을 깊은 잠에 빠지게 한다는 믿음이 퍼져나갔다.

말린 고양이 숨겨 놓기

유서 깊은 건물 여러 곳에서 말린 고양이 수십 마리가 감추어진 것이 발견되었다. 일부는 이 괴이한 고양이가 우연히 갇혔다고 생각할지 모른다. 하지만 대부분의 고양이들은 일부러 숨겨 놓은 게 아니고서는 설명하기 힘든 모습이었다.

많은 고양이들이 훈연이나 건조를 통해 보존 처리되어 있었다. 숨을 거두고 난 뒤에 손을 댔다는 뜻이다. 말린 고양이는 영국뿐 아니라 지브롤터, 스웨덴, 미국 동부 지역에서도 발견되었다.

어떤 고양이들은 먹이를 잡거나 쫓는 것처럼 자세를 취하고 있었다. 예를 들어 런던 서더크 지역의 16세기 건물에서 발견된 말린 고양이는 입으로 한 마리의 쥐를 물고, 발로 또 한 마리의 쥐를 짓누르는 모습이었다. 또한 더블린 성당의 오르간 뒤에서, 그리고 중세 잉글랜드 중부 지방의 주택에서 발견된 고양이는 새를 향해 도사리고 있는 형태였다.

말린 고양이들 중 상당수가 17세기에 만들어진 것으로 추정된다. 17세기는 마법에 사로잡혀 있던 시기로 생쥐나 새, 시궁쥐의 형상을 한 악령들이 건물로 침입할지 모른다고 믿었던 때이다. 민간 신앙에 따르면 말린 고양이에는 일정 수준의 초자연적 보호 능력이 있었다. 그래서 정령이 들어오는 것을 막을 뿐 아니라, 사람보다 더 쉽게 귀신을 감지하고 놀라게 해서 쫓아버린다고 믿었다.

고양이 외에 다른 동물도 발견된다. 말 뼈, 개의 잔해, 심지어 닭도 건물 빈틈이나 굴뚝 아래에서 발견되는데 놀랍도록 잘 보존된 경우가 많다. 튜더식 건물인 로더데일 하우스에서는 암탉 네 마리와 양초, 와인 잔, 짝이 안 맞는 신발 두 짝이 발견되었다. 벽돌로 막은 벽감(건물을 지을 때 벽을 움푹 파놓고 진열장으로 쓰는 공간 - 옮긴이)에서는 달걀도 하나 나왔는데 이는 암탉 중 적어도 한 마리를 산 채로 묻었다는 것을 암시한다. 가위와 병, 해그스톤(hagstone, 자연적으로 구멍이 뚫려 있는 돌 - 옮긴이) 또한 발견되었다.

말린 고양이 '제물'은 1600년대에 절정을 이룬다. 그러나 건물에 동물을 숨기는 풍습은 로마 시대 이전부터 유래를 찾을 수 있다. 개와 말, 새뿐 아니라 심지어 인간들도 건물의 토대 아래에 묻혔다. 고고학자들은 성채와 성곽을 비롯해 막사와 성당에 이르는 광범위한 곳에서 성인과 어린이들의 유해를 수차례 발견했다. 이 시신들은 웅크리거나 위아래가 뒤집혀 있는 등 특이한 자세를 취하는 경우도 많았다. 철기시대 건축자가 어떤 이유에서 그런 것들을 숨겼는지는 알기 어렵다. 어쩌면 특정한 신령을 달래기 위해서였거나 신적인 존재가 어떤 방식으로 이용할 수 있는 '생명력'을 제물로 바치기 위해서였을지 모른다.

누군가 당신을 지켜본다, 악마의 눈

누군가가 당신을 째려본 적이 있는가? 그런 눈빛에 악마의 힘이 있다는 생각은 역사의 저 멀리까지 거슬러 올라간다. 그리고 아프리카에서 지중해 유럽, 인도에서 남아메리카에 이르는 많은 나라에서 '악마의 눈'에 대한 믿음은 지금도 널리 퍼져 있다.

고대 그리스 텍스트와 코란, 성경, 셰익스피어의 희곡을 아우르는 문학전반에 걸쳐 악마의 눈은 잘 알려져 있다. 내용은 단순하다. 시샘하는 눈초리는 질병이나 혹은 부상, 불행 따위를 통해서 타인에게 초자연적인 위해를 가한다는 것이다.

악마의 눈으로 당신을 저주할 가능성이 가장 큰 사람들은 종종 '외부인'으로 분류된다. 낯선 사람들이나 아이가 없는 여성들, 나이 많은 여성들, 신체적 장애를 안고 있는 사람들이 포함된다. 특히 장애를 가진 사람들 중

에서도 사시와 같이 눈 문제로 고통을 받는 이들이 지목되곤 했다.

집단에 따라 악마의 눈에 대항하는 방식도 달랐다. 말편자와 같은 부적은 보호 조치로서 착용하거나 걸어둘 수 있었다. 악령을 혼란에 빠뜨리는 방법으로 특정 의식에서 성별이 다른 옷 입기, 특별한 손짓, 공을 들인 눈화장과 같은 의례가 있었다. 하지만 모든 대응 조치 가운데 가장 오래 지속되고 널리 퍼진 것은 눈 부적, 즉 눈의 상징이 들어 있는 장신구나 부적이었다.

심리학자들은 악마의 눈이 길고 긴 세월의 바람을 맞아왔음에도 불구하고 미신의 지위를 굳건히 지키고 있는 이유는 근원적이고 흔한 인간 감정인 질투와 관련되어 있기 때문이라고 믿는다. 악마의 눈의 저주는, 뛰어난 미모나 젊음, 재산 또는 행운을 가진 자는 주위의 질투를 불러일으킨다는 믿음에서 기인한다. 질투는 폭력이나 파괴, 절도와 같은 인간 범죄의 커다란 동인으로 작용하곤 한다. 고대 이래로 여러 문화권에서 질투로부터 안위와 재산을 보호하려고 했다는 것은 놀랄 일이 아니다.

오늘날에도 사람들이 여전히 부적을 믿는다는 것은 흥미롭다. 예를 들어 터키에서는 갓난아기에게 발찌나 팔찌의 형태로 눈 장신구를 달아주는 것이 보편적인 관습이다. 어린이들은 저주에 당하기 쉽다고 여기기 때문이다. 같은 이유로 인도에서도 짙은 검정색 아이라이너나 카잘(kajal)을 아기의 눈가에 그린다. 킴 카다시안이나 마돈나 같은 미국 유명인들 사이에서 악마의 눈 장신구에 대한 열풍이 불기도 했다. 아마도 질투심으로 가득한 주변의 시선을 쫓기 위해서였으리라.

경험의 감염, 스미클링

　신발은 착용자의 발 모양을 쏙 빼닮은 의복으로, 이처럼 착용자의 신체를 고스란히 받아들이는 입을 것은 몇 안 된다. 사람들은 여전히 '다른 사람의 신발을 신고 걸어보기(다른 사람의 입장이 되어본다는 뜻 – 옮긴이)'나 '만일 신발이 맞는다면(보통 '그 신발이 맞는다면 신도록 해라'처럼 쓰이며 어떤 상황이나 말이 자신에게 적합하다면 받아들이라는 뜻이다. – 옮긴이)'과 같은 문구들을 사용한다. 이 표현들은, 신발은 신발의 주인과 한 몸처럼 연결되어 있으며, 주인의 영혼을 계속 지니고 있다는 생각에 바탕에 두고 있다. 수세기 동안 유럽 여러 나라와 식민지에서는 신발을 초자연적 잠재력이 가득한 물건으로 취급했다.

　신발을 둘러싼 미신 가운데 가장 흥미로운 것은 신발과 생식력을 연결지은 것으로 특히 '스미클링(smickling)'이라는 민간 풍습에서 이런 점이 도드라진다. 잉글랜드 북부에서 기원한 것으로 생각되는 이 풍습은 젊은 여성들이 임신하는 것을 도와준다고 알려졌다. 신혼 여성은 빠른 임신에 도움이 될 거라는 희망을 가지고 임신했거나 최근에 출산한 여성의 신발을 빌려 신는다. 19세기 독일에서는 여성이 사랑하는 사람의 신발을 훔쳐서 8일 동안 신으면 그 남자의 사랑을 받게 될 것이라고 생각했다. 잉글랜드에서는 네잎클로버를 신발 뒤축에 넣으면 첫 번째로 마주치는 남자와 결혼하게 될 거라고 믿었다.

오랫동안 복식 사학자들과 심리학자들은 '신데렐라'에서 '신발 안에 할머니가 살아요'에 이르기까지 초기 민담과 전래 동요에서 나타나는 발상, 즉 신발은 여성의 성을 상징하는 물건이었음을 지적해왔다. 중세 문학에서 신발이라는 주제는 로맨스나 연애와 연결되곤 한다. 또한 여러 독일어권 지역에서는 결혼식을 치를 때 신발을 신고 벗는 의식을 거행한다. 오늘날에도 다산을 기원하며 신혼여행을 떠나는 자동차에 신발을 묶는다.

'smickled'라는 단어는 더 넓은 맥락에서 '다른 사람에 의해 전염된다'는 뜻으로도 쓰였다. 한 예로, 1899년 기록에는 여름 내내 백일해에 시달리며 누워 있었던 어린 소년이 등장한다. 그 소년은 집에서 기르는 고양이와 잠자리를 같이 쓰도록 권유받았다. 전염병이 소년에게서 그 동물에게 옮겨가기를 바란 것이다. 소년은 완전히 회복되었을 때 이렇게 말했다. '아, 전염시켰다(smickled.). 그리고 나았다. 그리고 고양이는 죽었다.'

흥미롭게도, 'smickle'은 'smite'의 변형일 가능성도 있다. 'smite'는 13세기 단어로 '세게 치다'라는 뜻이다. '세게 맞은' 혹은 '사랑으로 감염된(완전히 매료되었다는 뜻 – 옮긴이)'이란 뜻의 'smitten'은 같은 단어에서 유래한다.

까치를 본다면 기왕이면 두 마리를

한 마리의 까치가 눈에 띄었다. 어떻게 하겠는가? 많은 사람들이 뭔가
하지 않으면 안 될 것 같은 기분에 빠져 신의 가호를 빌거나 의례적 행
동을 하면서 새를 반기든지 모자를 들어 올리든지, 혹은 경
례를 하거나 성호를 긋거나 할 것이다.

까치는 오랫동안 불길한 징조로 여겨졌다. 찰스 스웨인슨은 1885년 저작 《영국 조류의 향토 명칭과 민담(Provincial Names and Folk Lore of British Birds)》에서 이렇게 설명한다.

── 독일과 북부에서는 마녀들이 종종 까치의 모습으로 변신하거나 혹은 까치를 말처럼 타고 다닌다. 스웨덴에서는 마법사들이…… 블로클라(발푸르기스의 밤에 마녀들이 모여서 행사를 여는 산 - 옮긴이)로 갈 때, 까치로 변신한다고 믿었다…… 스코틀랜드에서는 까치가 때때로 '악마의 새'로 불렸고 혀에 악마의 피가 한 방울 있다고 믿었다…… 하이 피크(잉글랜드 더비셔주의 자치구 - 옮긴이)에서는 성호를 긋는 것이 관습이었다. 웨스트 라이딩(잉글랜드 요크셔주의 행정구 - 옮긴이)에서는 두 엄지손가락을 교차하여 십자를 만들었다. ……동시에 이렇게 반복해 말했다.

나는 까치에게 성호를 긋는다,
까치는 나에게 성호를 긋는다.
불행은 까치에게
행복은 나에게.

성경에는 까치가 특별한 역할로 언급된 적은 없다. 그러나 아일랜드와 잉글랜드 지역의 사람들은 성경을 해석하며 까치를 소환했는데 이 민속적 해석에 따르면 까치는 익살스럽고 잘 놀리는 생물이었다. 노아의 방주의 한 판본에서는 까치 한 마리가 배에 타기를 거절한다. 까치가 너무 수다를 떨어 방주에서 쫓겨나는 이야기도 있다. 그리고 십자가에 못 박혀 죽는 그리스도의 수난에 관한 이야기에서도 까치는 그리스도의 죽음을 애도하지 않는다. 까치의 검고 흰 '옷'은 무관심을 보여준다.

갈까마귀와 까마귀, 까치를 포함하는 까마귀과 새들은 북유럽과 그리스 신화, 세르비아의 민속시가 등을 비롯한 여러 전설에서 눈에 띄게 등장한다.

그 새들은 전쟁과 죽음 혹은 잃어버린 영혼과 연관되거나 삶과 죽음 사이의 전령으로 그려진다. 북서 태평양의 부족들처럼 다른 문화에서는 까마귀가 엉큼하고 간교한 새, 또는 '사기꾼'으로 나타난다. 그런데 왜 까치와 그 동족들이 그런 식으로 비춰지는 걸까? 인류학자 레비스트로스는 이 새들이 차별 대우를 받는 이유는 식습관 때문일 것이라고 생각했다. 까마귀는 썩은 고기를 먹는다. 사냥도 하지 않는다. 식물을 먹는 것도 아니다. 다른 동물의 노력을 훔치며 살아간다. 검은 고양이나 몇몇 생물처럼 까마귀과 새들의 검은 깃털 때문에 미신이 생겼다고 생각하는 사람도 있다. 혹은 까마귀과 새들이 우는 소리가 너무 귀 따가워 인간처럼 수다스럽다는 특징을 부여한 것이라고 생각되기도 한다. 까치가 반짝이는 물건을 훔쳐가는 습성이 있다고 알려진 것도 (사실이 아닐 수도 있지만) 역시 미신을 믿는 사람들에게 대대로 사랑을 받을 수 없게 만들었을 것이다.

마주치면 행운, 돌아서면 불행, 검은 고양이

고양이와 인간은 수천 년 동안 원만하게 지내왔다. 고고학적으로 새롭게 발견된 사실에 따르면 고양이가 사육되기 시작한 건 기원전 1만 년경으로 추정된다. 신석기 시대 근동 지역의 농부들이 애써 기른 농작물을 야생 동물들에게 빼앗기지 않기 위해 고양이를 길렀을 것으로 보인다. 고양이는 실용적인 목적에 맞았고, 그 보답으로 주인들에게 사랑받았다.

이 고양이 친구들은 세계 전역에서 숭배를 받았다. 인도에서 일본, 페르시아와 고대 로마에 이르기까지 여러 고대 문명에서 고양이는 신비주의와 민속 문화의 중심적인 역할, 독립과 행운, 보호의 상징 역할을 했다. 고대 이집트에서는 집고양이가 죽었을 때 가족 전체가 애도하며 눈썹을 깎을 정도로 비통해했다.

하지만 12세기의 길목을 지나던 서구인들은 고양이의 지위를 애정의 대상에서 악의 상징으로 떨어뜨렸다. 무엇이 그렇게 잘못된 걸까? 그 모든 것은 제우스의 부인 헤라와 알크메네의 몸종 갈린티아스에 관한 그리스 신화에서 비롯된 것으로 보인다. 헤라는 제우스의 아들을 임신한 알크메네의 출산을 막으려 한다. 하지만 알크메네는 갈린티아스의 도움으로 아들 헤라클레스를 무사히 출산한다. 그 벌로 갈린티아스는 고양이(또는 족제비)로 변하게 되는데 마침 마법과 주술의 여신 헤카테가 그녀를 불쌍히 여겨 조수로 삼는다. 고양이와 비밀스러운 주술이 연결되는 순간이다.

그러나 고양이를 향한 극심한 혐오가 문헌에 나타난 것은 수세기 뒤였다. 12세기에 고양이는 악마의 분명한 상징으로서 기독교 문학에 처음으로 등장했다. 성 바르톨로메오(영국의 판 제도에서 은둔 생활을 한 수도자로 그리스도의 12사도에 속하는 성 바르톨로메오와는 다른 사람이다. - 옮긴이)의 이야기에서 방랑하는 사제는 다양한 동물로 변신하는 악마를 계속 만난다. 악마는 특히 고양이의 모습으로 자주 나타난다. 쥐를 가지고 노는 고양이의 이미지는 곧 중세 미술과 대중적 글에서 모두 죄인을 괴롭히는 사탄의 상징이 되었다. 당시 고양이와 마법이 등장하는 의식이나 입회식을 한다는 풍문이 있었던 카타리파(12~13세기에 득세한 교파로 엄격한 금욕주의를 표방하였으며 이단으로 배척되었다. - 옮긴이)와 같은 소규모 종교 집단들이나 비신자들은 박해를 받았다.

흥미롭게도 1600년대 초입에는 고양이 중에서도 검은 고양이가 지목되었다. 검은 고양이가 언제나 불길한 것은 아니었지만, 검은 색을 빼고 어떤 색에서 악마의 특징을 발견할 수 있겠는가.

당시와 그 이후의 저술들에는 두려움과 매혹이 뒤섞인 호기심이 나타난다. 검은 고양이는 선원들에게는 행운이지만 아기들에게는 불행의 조짐이었다. 고양이와 우연히 마주치면 행운이지만 돌아서 가버리면 불행이 일어난다고 믿었다. 사람들은 악한 정령을 쫓기 위해 건물에 박제처럼 건조시킨 고양이 시신을 숨기기도 했고, 검은 고양이의 신체 일부를 치료와 응급처치에 쓰기도 했다.

손바닥이 근질거리면 복권을 산다

영어에서 쓰는 '근질거리는 손바닥(itchy palm)을 가진 사람'이라는 표현은 대개 욕심이 많거나 뇌물을 밝히는 사람을 뜻한다. 1599년 작품인 셰익스피어의 《줄리어스 시저》에서 브루투스는 다음처럼 혹독한 말로 카시우스의 탐욕을 비난한다. '내가 말해주겠소, 카시우스, 당신 자신도 근질거리는 손바닥을 가졌다고 지탄받고 있지 않소? 돈에 눈이 멀어 자격이 없는 자들에게 관직을 팔았다고 말이오.' 따라서 '근질거리는 손바닥'의 간지러움을 가라앉히려면 오직 주화로 긁어야 한다는 논리가 성립한다.

그보다 1500년 앞선 고대 그리스의 전기 작가 플루타르크는 횡령한 자를 '영리하지만 근질거리는 손바닥을 가진 사람'이라고 묘사했다. 인도어 중에서도 가장 오래된 언어에 속하는 마라티어에서 '근질거리는 손바닥'은 '훔치는 버릇이 있다'는 뜻이다. 마라티어에는 '근질거리는 손바닥은 만족시킬 수 있어도, 꾸짖는 혀는 결코 그럴 수 없다.'는 옛 속담이 전한다.

2000년이 지나도록 그 표현의 의미는 원형을 간직하고 있다. 1937년, 윈덤 루이스는 《사랑을 위한 복수(The Revenge for Love)》에서 이렇게 쓴다. '알바로가 뇌물을 받았다고? 알바로 같은 사람이 다른 자들처럼 근질거리는 손바닥을 가졌단 말이야?' 미국에서는 그 문구가 사례금을 요구하는 뜻도 갖게 되었다.

계속해서 이 은유는 옆으로 번져나가 미신적인 뉘앙스를 띠게 되었다. 손바닥이 근질거리는 것은 어디선가 돈이 생기리라는 징조로 받아들여지기 시작한 것이다. 나라마다 오른손과 왼손을 구분한다. 잉글랜드의 대부분 지역에서는 오른손이 간지러우면 돈이 생기고, 왼손이 간지러우면 돈이 줄줄 샌다고 생각한다. 멜턴은 1620년에 이렇게 썼다(영국의 정치가이자 작가인 존 멜턴이 점성술사를 풍자하며 쓴 작품 《Astrologaster or The Figure-Caster》를 말한다. – 옮긴이). '오른손 손바닥이 가려울 때는 돈을 받을 것이라는 틀림없는 신호다.' 하지만 인도와 아일랜드, 독일, 이탈리아, 우크라이나에서는 반대의 의미가 된다. 전쟁 전의 헝가리에서도 왼손의 간지러움은 길조였고, 오른손은 갈등과 싸움을 암시했다. 그리고 '잘못된' 손바닥이 참을 수 없이 간지러울 때는 나무를 만지라는 미신 역시 보편적으로 받아들여졌다.

그 믿음은 여전히 널리 알려져 있지만 따르는 사람은 거의 없다. 그러나 2010년, 뉴욕에 사는 메리 샤마스 할머니는 버스에서 왼쪽 손바닥이 가렵기 시작했다. 오래된 미신을 떠올린 메리는 버스에서 내려 곧장 복권을 사러 갔고, 무려 6,400만 달러를 상금으로 탔다.

쓸 수 없는 숫자 13

　지금도 사람들은 숫자 13만 만나면 광신적으로 돌변한다. 많은 사람들이 그 숫자의 초자연적 잠재력을 지나치게 두려워한다. 부동산 개발업자들은 건물의 13층이나 호텔의 객실번호에서 이 불길한 숫자를 '누락'시킨다고 한다. 또 어떤 사람들은 13명의 손님이 있는 테이블에는 엉덩이를 붙이지 않고, 13일에는 생일이든 결혼기념일이든 그 어떤 기념도 하지 않고, 여행도 떠나지 않으며, 집도 사지 않는다.

　전통적인 설명에 따르면 이 미신은 그리스도와 열두 제자의 마지막 만찬에서 비롯되었다고 전한다. 성경의 요한복음 6장 70절은 다음과 같다. "예수께서 그들에게 대답하셨다. '내가 너희 열둘을 택하지 않았느냐? 그러나 너희 가운데서 하나는 악마이다.'(대한성서공회 성경전서 새번역 – 옮긴이)" 그 하나는 물론 예수를 배신하는 이스가리옷 유다를 가리킨다.

　그러나 고대 북유럽 신화에서도 13은 불길한 숫자다. 신화에 따르면 세상에 처음으로 악을 불러온 것은 심술궂은 신 로키였다. 그는 이미 12명의 신이 모여 있는 발할라의 저녁 연회에 쳐들어가, 눈먼 신 호드르가 그들 중 하나에게 겨우살이 가지를 던지게 만든다. 화살로 변한 나뭇가지가 빛의 신 발드르를 죽이자 세상에는 어둠이 찾아든다.

　다른 설에서는 13이 '곤란한' 숫자임을 강조한다. 특히 13과 인접한 12와 비교하면 그렇다. 수학자들은 12가 다른 여러 가지 수로 나뉠 수 있다는 이유에서 수메르와 고대 그리스를 비롯한 많은 문명에서 상서로운 숫자로 간주되었다고 설명한다. 또한 음력 열두 달이나 한 해에 열두 번 돌아오는 월경주기부터, 60초, 60분, 24시간처럼 모든 기본적인 시간 단위가 12로 나눠진다는 사실에 이르기까지, 많은 자연적 주기가 12와 연결되어 있다는 점이 중요했다. 하지만 13은 그 어느 것과도 맞아 떨어지지 않는다. 4등분이나 2등분을 할 수도 없고, 언제나 곤란하게 '나머지' 수를 남긴다.

모든 나라에서 13을 경멸하는 것은 아니다. 예를 들어 이탈리아에서는 축일이 6월 13일인 성 안토니오에게 기도하면 잃어버린 물건을 찾을 수 있다는 전설 덕분에 13이 행운의 숫자다. 대신 이탈리아에서는 17이 미신을 믿는 사람들에게 두려움을 불러일으키는 숫자다. 17의 로마 숫자 'XVII'의 철자 순서를 바꾸면 'VIXI' 또는 '나는 살았다'라는 의미가 되어 내 삶이 과거 시제가 된다(라틴어로 '살다'를 나타내는 단어인 vīvo의 과거형 vixi와 같은 형태가 되어, 지금은 죽은 상태라는 뜻이 된다. - 옮긴이). 2006년 이탈리아에서 열린 토리노 동계올림픽에서는 봅슬레이 트랙의 17번째 곡선에 센차 노메(Senza Nome)라는 이름이 붙었는데 '이름이 없다'는 뜻이다. 중국에서는 숫자 4가 불길하다고 생각한다. '죽음'을 뜻하는 단어와 발음이 유사하기 때문이다. 일본에서도 숫자 4와 9 역시 비슷한 이유에서 불길함을 뜻한다.

숨겨둔 신발에 악령 가두기

잉글랜드의 노샘프턴 박물관에서는 '감춰진 신발 목록'을 보관하고 있다. 여기에는 1950년대 이후로 유서 깊은 건물 안에 숨겨진 상태로 발견된 2,000개에 가까운 오래된 신발들이 기록되어 있다.

신발들은 교회, 오두막, 궁전, 농가를 가릴 것 없이 도처에서 모습을 드러낸다. 가장 오래된 것은 14세기에 숨겨진 것이고, 가장 최근 것은 1991년 것이다. 신발은 유럽 전역에서 발견되었고, 멀리 미국과 호주에서까지 발굴 행진이 이어졌다. 호주 태즈메이니아 섬의 한 농가에서는 신발 38개와 함께 모자, 인형 옷, 미라 상태의 죽은 고양이가 나왔다.

신발은 대개 낡은 상태로 한 짝씩만 있었고, 아동화인 경우가 많았다. 대부분은 굴뚝 아래 불룩 튀어나온 부분이나 마룻장 아래, 지붕 안쪽 빈 곳, 문 주변 공간에 놓여 있었다. 건물에서도 특정한 장소들, 그중에서도 특히 출입구는 전통적으로 악령들에게 '취약한' 곳으로 여겨졌다. 헌 신발의 냄새는 초자연적인 힘을 끌어들이고, 신발에 들어간 악령은 그 안에 갇히게 된다. 이 믿음의 유래는 늦어도 14세기 초반, 버킹엄셔주 노스마스턴의 교구목사인 존 손의 전설로 거슬러 올라간다. 그는 주문으로 악마를 장화 속에 넣었다고 전해진다. 심지어 그리 오래전이 아닌 1960년대에도 펜실베이니아의 독일 이민자들 사이에서는 도둑을 막기 위해 신발단추에 거는 금속 고리를 현관 위에 매달아두는 전통이 있었다.

또 다른 설에 따르면 신발은 생식력과 부활의 상징이었다. 건물에 신발을 숨기는 것은 미래의 임신을 안전하게 지킬 수 있게 도와준다. 여러 문화에서 신발과 발은 여성의 성적인 면과 연관되어 왔다. 이를테면 중국 전통에서는 발이 여성 신체의 가장 은밀한 부분으로 간주되었다. 그리스 신화에서는 아프로디테가 염소의 다리를 가진 음탕한 목신 판에게 강간당하지 않으려고 샌들로 그를 때려서 쫓는다. 고대 북유럽 법률에 따르면 어린이를 입양할 때, 양아버지와 어린이를 비롯한 모든 친척들이 가죽신 한 짝에 발을 넣었다가 빼야 했다.

신발은 또한 오랫동안 상실과 연관되어 왔다. 구약 성서에서 이사야는 애도의 표시로 신을 벗으라는 지시를 받는다. 전통적으로 유대교에서는 시바(shiva, 히브리어로 7을 뜻하며 장례를 치른 후 애도하는 7일의 기간을 말한다. - 옮긴이) 기간 동안 가죽신을 신지 않는다. 그리고 관을 메는 사람과 문상객들은 맨발로 다닌다. 죽은 사람의 신발 또한 상징적으로 생각하여 중요한 유품으로 보관했다. 아마도 숨겨진 신발은 사랑하는 사람, 특히 세상을 떠난 아이들과 유대를 지속하는 방법의 하나였을 것이다.

시계가 멈추면 심장도 멈춘다

오랫동안 사랑받아온 노래인 <할아버지의 시계(My Grandfather's Clock)>를 부르지 않고 초등학교를 졸업한 사람은 거의 없으리라. 가장 훌륭한 부분은 언제나 힘차게 울려 퍼지는 후렴부다. '잠들지 않고 90년을 (똑, 딱, 똑, 딱) 할아버지 인생을 헤아리며 (똑, 딱, 똑, 딱) 할아버지 돌아가시니 시계도 멈춰버렸지.'

1870년대에 작곡된 이 노래의 가사에는 잘 알려진 미신이 소재로 등장한다. 시계의 주인이 숨을 거두는 순간 시계도 작동을 멈춘다거나, 일부러 시계를 멈추게 해야 한다는 것이다. 이것은 대중문화에서도 흔한 주제다. 같은 곡을 리메이크한 조니 캐시의 노래나 '시계를 모두 멈춰라'라는 문장으로 유명한 오든의 시 <우울한 장례식(Funeral Blues)>(영국 태생으로 '1930년대 시인' 집단의 중추적인 역할을 한 위스턴 오든의 이 시는 영화 <네 번의 결혼식과 한 번의 장례식>의 장례식 장면에 쓰이며 유명세를 탔다. – 옮긴이)이 대표적이다. 다른 의미심장한 사건들도 멈춘 시곗바

늘로 기념된다. 레닌의 볼셰비키가 상트페테르부르크의 궁전을 급습했을 때, 임시정부의 식당에 있던 시계는 멈췄고 그 후로도 계속 그 자리에 머물러 있다.

이와 유사하게 1820년 1월 29일 조지 3세가 세상을 떠나자 영국 국회의 사당의 시계도 멈춰 섰다.

시계 미신은 1800년대 초반, (기관이나 교회가 아니라) 가정에 시계가 도입되면서 시작되었다고 전해진다. 하지만 그보다 더 이른 시기의 예도 있다. 1619년 3월 2일, 제임스 1세의 아내인 앤 왕비가 눈을 감는 것과 동시에 햄프턴 코트의 천문 시계도 멈췄다고 한다(햄프턴 코트에 사는 사람이 죽으면 천문 시계가 멈춘다는 믿음은 여전히 통용된다.).

시계 미신은 조금씩 변형되었다. 예를 들어 고장 난 시계가 갑자기 울리거나 시간에 맞지 않는 횟수로 울리면 가족 중에 누군가가 생을 마감할 징조라는 따위다. 이런 현상에 대해 확신을 가지고 있었던 한 미국인 전도사는 1872년 동료들이 목격한 수많은 사례들을 기록하여 의회 도서관에 보내기도 했다.

태엽을 감는 시계는 언제든 멈출 수 있다. 따라서 때때로 중요한 사건의 발생과 동시에 시계가 멈춘다고 해도 놀랄 일은 아니다. 하지만 시계는 매우 효과적인 은유로 작용하며, 바로 그렇기 때문에 죽음에 관한 미신과 손을 잡은 것 같다. 똑딱거리는 시계침은 복잡하지 않은 암시이고, 똑딱똑딱 소리는 삶의 규칙적인 반복이나 인간 심장 박동을 연상시킨다. 멈춘 시계는 곧 멈춘 삶이고, 이것은 죽은 사람만이 아니라 남은 사람에게도 마찬가지다. 비통함을 경험해본 사람이라면 누구든 '시간이 그대로 멈춘 것' 같은 기분을 느끼지 않겠는가.

생리하는 여성은 격리시킨다

서기 77년 대 플리니우스가 《자연사(Historia naturalis)》를 편찬한 이후, 생리는 2000년 동안 그의 시선으로부터 한 걸음도 벗어나지 못했다. 그의 '과학적인' 관찰에 따르면 생리 중인 여성은 위험한 사람으로, 만지는 모든 것을 쉽게 오염시켰다.

— [생리혈]과 접촉하면 새 와인이 시어지고, 작물은 시들고, 접붙인 나무는 죽고, 정원의 씨앗은 바싹 마르고, 나무의 열매는 떨어지고, 무기의 날과 상아의 빛은 무뎌지고, 벌집의 벌은 죽고, 청동과 철마저 닿자마자 녹슬고, 끔찍한 냄새가 공기를 채운다. 그것을 맛본 개들은 미쳐버리고, 그 개들에게 물린 상처는 치료할 수 없는 독으로 감염된다.

그의 기록은 끔찍한 재앙이 나열된 목록처럼 보인다. 하지만 1960년대까지도 잉글랜드의 여성들은 생리 기간에는 고기와 유제품 같은 음식을 상하게 만들 수 있으니 특정한 음식을 가까이 해서는 안 된다고 믿었다. 여러 문화에서 미신은 여성의 생리에 찰싹 달라붙어 있었다. 예컨대 네팔에는 생리 중인 여성은 집을 '오염'시킬 수도 있으니 분리된 오두막에 격리되어야 한다는 관습이 있었다. 이와 비슷하게 체로키 족의 전통에서는 생리혈에 엄청난 파괴력이 있다고 믿었다. 금기를 뜻하는 '터부(taboo)'라는 말도 '생리'와 '신성한 것'을 모두 의미하는 폴리네시아어 'tapua'에서 유래했다고 한다.

세계 곳곳에서는 여전히 생리를 수치심과 혐오감이 섞인 눈으로 바라본다. 여성들은 어쩐지 불결하거나 불순하다는 믿음에 기초하여, 성찬식 참석을 금하거나 사원 입장을 거부할 수 있다. 또는 생리 기간에 성관계를 금지당할 수도 있다.

하지만 생리에 관한 미신이 모두 부정적인 것만은 아니다. 일부 문화에서는 생리혈이 남성의 애정에 강력한 효과를 미친다고 여겼다. 여성들은 생리혈을 기본 재료로 한 '사랑의 부적'을 만들어 사귀고 싶은 상대에게 주기도 했다. 인류학자들은 1970년대에 작성된 자료에서 프랑스 남서부와 코트디부아르, 미국 일리노이주의 농촌지역 등 다양한 지역에 이런 풍습이 있다는 것을 입증했다.

수년간 평론가들은 왜 이런 미신들이 존재하는지 이해하려고 노력해왔다. 한 가지 가설은 생리가 과학적으로 설명되기 전에는 사회가 이 현상에 충격을 받고 매우 당황했을 수 있기 때문에 (인간은 본능적으로 피를, 동물을 잡아먹는 포식성 행동과 부상, 위험과 연결시킨다는 생각), 그에 따른 합리화의 방법으로 민간 신앙이 나타나게 되었다는 것이다. 또 다른 견해는 생리 미신 중에서도 특히 여성을 분리시키는 미신들은 남성들에 의해 여성의 권력과 생식 능력을 제어하는 방법으로 개발되었다고 본다. 혹은 여성들 스스로 부담스러운 가사와 성적인 의무, 자녀 양육 책임에서 벗어나 꼭 필요한 휴식을 보장받기 위한 수단으로 생각해냈을지도 모른다.

당연한 거 아니야?
사다리 아래로 걷지 않기

사다리 아래로 걸어가지 않는 것은 상식이다. 사다리를 쓰러뜨려 다칠 위험이 있을 뿐 아니라, 머리 위로 뭔가가 떨어질 수도 있다. 사다리가 있다는 것은 대개 높은 곳에서 페인트칠이나 지붕 공사, 벽돌 수리와 같은 작업이 이루어지고 있다는 말이다. 따라서 누구나 수긍할 수밖에 없는 상식에 따라 피해가야 마땅하다.

이와 같이 실용적인 차원에서 사다리 미신을 설명할 수도 있다. 하지만 그보다 더 많은 의미가 숨어 있을지도 모른다. 그동안 이 미신을 설명하려는 다양한 시도가 있었다. 그중 하나는 사다리를 벽에 기대놓았을 때 생기는 삼각형이 성 삼위일체를 상징하고, 평범한 사람이 그토록 '신성한 입구'를 통과하는 것은 불길한 일이라고 생각한다는 것이다. 다른 설도 있다. 사다리가 오랫동안 교수형과 연관되어 있었기 때문에, 사람들이 사다리에 가까이 가는 것을 불행이나 피할 수 없는 죽음을 연상시킨다는 것이다. 초기 교수대의 형태는 단순했다. 임시변통으로 만들곤 했기 때문에, 그저 나무와 올가미, 사다리를 준비하고 사형수를 밀어 떨어뜨리는 것이 전부일 때도 있었다. 또 하나의 가설은 고대 이집트인들이 사다리 밑, 특히 무덤 속 사다리의 아래쪽은 정령들이 차지한 공간이라고 믿었다는 것이다. (무덤 속에서 죽은 자의 영혼이 하늘로 올라갈 수 있도록 사다리를 둔 것이었다.) 이 가설은 정확한 사실이라고 인용될 때가 많지만 근거는 빈약하다.

마지막 가설을 뒷받침하는 고고학적 증거는 없다 해도, 선사시대에서 기독교에 이르는 거의 모든 문명에 '천상의 사다리'라는 개념이 있다는 것은 흥미로운 사실이다. 땅과 하늘은 사다리를 통해 한때 이어져 있었거나 이어질 수 있다. 기원전 4세기 로마 제국의 미트라교에서는 오직 고대인들에게만 보이는 7단 사다리가 있었다. 창세기에서는 '야곱의 사다리'가 핵심적인 내용이다. 중국의 구비설화에는 하늘과 땅이 사다리로 연결되어 두 세계를 오가는 모습이 담겨 있다. 이와 유사한 주제는 남아메리카와 아프리카, 호주 토착민의 신화에도 존재한다.

여러 가지 '사다리 이야기'에서 사다리는 종종 인간의 실수로 없어지거나 쓰러지면서, 사실상 영적 세계와 인간 세계가 단절되고 만다. 사다리 아래로 걸어가지 말라는 우리의 미신은 이렇게 아주 오래되고 광범위하게 전파된 이야기들이 되풀이되는 희미한 메아리일지도 모른다.

거울을 깨뜨리면 7년 동안 재수가 없다

거울을 깨뜨리면 왜 불행이 찾아들까? 수천 년 동안 사람들은 물이나 거울에 비친 모습이 영혼을 갖고 있다고 믿었다.

20세기 초반, 미국의 인류학자인 L. D. 아넷은 서로 멀리 떨어진 지역 사이에서 놀랍도록 유사한 믿음이 존재한다는 사실을 발견하고 이렇게 기록했다.

── 안다만 섬 사람들은 거울에 비친 모습이 바로 영혼이라고 생각한다…… 줄루족은 캄캄한 웅덩이를 들여다보지 않는다. 그 안에 야수가 있어서 물에 비친 그들의 상을 가져가버릴 것이라 상상하기 때문이다…… 아프리카의 바수토족은 물에 비친 상을 악어들이 물 아래로 끌어당겨 사람을 죽일 수 있다고 생각한다. 멜라네시아 원주민들은 누군가 어떤 웅덩이를 들여다보면 악령이 그 사람의 상을 차지한다고 믿는다.

고대 그리스인들 역시 거울이나 물에 비친 상과 영혼의 관계에 대해 탐색했다. 그들은 물에 비친 자신의 모습을 보는 꿈은 죽음을 나타내는 징조라고 믿었다. 또한 거울은 영혼으로 통하는 입구이자 지혜와 자기 인식의 상징이라고 생각했다. 하지만 너무 오랫동안 들여다보지 않는 것이 중요했다. 아마도 그리스 신화의 나르시스를 모르는 사람은 거의 없겠지만, 물에 비친 자신의 모습에 반해, 물속의 그이도 자신을 사랑해주기를 기다리며 시들시들 죽어간 바로 그 잘생긴 사내를 생각해보면 이유를 알 수 있다.

그러니 거울의 상이 영혼을 담고 있다고 믿는 사람들이 그 모습이 깨지거나 일그러졌을 때 느낄 고통을 상상해보라. 깨진 상을 응시하는 것은 일종의 분열이나 파멸의 조짐으로 오랫동안 불길하게 받아들여졌다.

거울을 깨면 7년 동안 불운이 계속된다는 생각은 가장 빠르게는 1800년대 중반의 문헌에서부터 나타난다. 하지만 7년 불운의 발상은 훨씬 전부터 시작되었을 것이다. 그리스와 로마 사람들은 모두 숫자 7을 매우 중요하게 생각했다. 두 문화에서는 출생에서 노년기까지 인간의 삶을 7단계로 나누었고, 7년마다 사람의 성격과 생리 기능이 급변하는 시기를 지난다고 믿었디. 따라서 7년 주기로 재생한다는 개념이 수세기가 흐른 후에 확장되어, 어떤 불운에도 일종의 '공소시효'가 적용된다는 생각으로 변한 것일 수도 있다. 놀랍게도 인간의 세포가 7년마다 재생된다는 믿음은 (틀렸지만) 여전히 널리 퍼져 있다.

침대의 잘못된 방향으로
일어나면 불길하다

잠에서 깼을 때 침대의 잘못된 방향으로 일어난('get out of bed on the wrong side') 적이 있는가? 이 표현은 뒤숭숭한 기분으로 잠에서 깨거나 아침부터 기분이나 몸이 썩 좋지 않다는 뜻이 되었다.

이 표현이 가장 먼저 등장하는 사료는 윌리엄 호킨스의 1627년 글이다. '나는 오늘 바른쪽(right side)으로 일어나지 않은 것 같다. 우왕좌왕하다가 친구도 만나지 못한다.' 그리고 불과 몇 년 후에 성직자 존 골 역시 미신적인 말을 쓴다. '행운이나 불행의 전조가 된다……오른쪽에서 일어나는지 아니면 왼쪽에서 일어나는지.'

'오른쪽/옳은 쪽'과 '왼쪽/잘못된 쪽'의 개념은 선사 시대부터 기원을 찾을 수 있다. 많은 문화에서 오른쪽을 상서롭고 유력한 것으로 생각했다. 반면 왼쪽은 약하고 불길한 것과 연관되곤 했다. 고대 메소포타미아에서 로마에 이르기까지 위대한 문명사회에서는 오른쪽을 행운의 방향으로 공표했고, 음식을 먹거나 치료를 할 때, 의식을 거행할 때는 언제나 오른손을 사용했다(이러한 관습은 이슬람과 아시아, 아프리카의 여러 나라에서 여전히 찾아볼 수 있다.).

지금도 방향을 나타내는 'right'이라는 영어 단어를 도덕적인 자격이나 올바름의 의미로 사용한다는 것은 흥미로운 사실이다. 프랑스어에서 'droit'도 마찬가지로 오른쪽과 올바름을 뜻하며, 왼쪽을 나타내는 'gauche'는 비뚤어지거나 서투르다는 의미가 있다. 서구 세계에서는 아직도 인사를 하고 맹세를 할 때 오른손을 사용한다.

　그렇다면 사람들은 왜 오른쪽과 왼쪽을 꼭 구분하려 들고, 부정적인 특성은 왼쪽에 속하는 것으로 생각하는 걸까? 한 가지 이유는, 전 세계 인구의 90퍼센트가 오른손잡이라는 사실에서 찾을 수 있다. 이런 자연적인 편향이 관습과 민간 신앙으로 변형되었다는 것이다. 또 다른 견해를 살펴보자. 요즘처럼 위생 시설이 갖추어지기 전에는 한 손을 '깨끗한' 일에 쓸 수 있도록 규제하는 게 중요했다. 그래서 한 손은 음식을 준비하고 먹는 데 사용하고, 다른 손은 지저분한 일을 하는 데 배정되었다. 이와 같은 실용적인 구분에 순결과 불결, 선과 악처럼 도덕적 의미들이 서서히 덧입혀졌다는 설명이다. 재미있게도 영어에서 왼쪽을 뜻하는 'left'라는 단어는 '약한, 깨진'이라는 의미의 고대 영어 'lyft'에서 유래했다.

영국에서는 1970년대까지도 많은 왼손잡이 어린이들이 오른손으로 글씨를 쓰도록 강요받았다. 이 가혹한 관습은 아시아의 시골 지역에 아직도 남아 있다. 하지만 최근 연구에 따르면 왼손잡이는 공간 지각력이 더 뛰어나고, 뇌들보가 더 발달되어 있는 경향을 보인다. 뇌들보는 뇌의 좌반구와 우반구를 연결하는 신경 섬유 다발로, 왼손잡이가 오른손잡이보다 정보를 더 빠르게 처리할 가능성이 있다는 말이다.

가위를 떨어뜨리면 절대 줍지 말 것

가위를 떨어뜨리면 불길하다고 한다. 불운을 막으려면 다른 사람이 대신 주워야 한다. 혹시 다른 누군가가 보이지 않을 때는 줍기 전에 먼저 가위를 밟아야 한다. 가위를 떨어뜨렸는데 바닥에 꽂힌다면 운이 좋을 수도 있고, 나쁠 수도 있다. 누군가는 결혼이나 취업에 관한 소식이 있을 거라고 말해줄 것이다. 하지만 실망스러운 일이나 심지어 죽음이 찾아올 것이라고 믿는 사람들도 있다.

일본이나 러시아, 이탈리아, 영국 등 여러 문화에서 가위를 (또는 다른 절단 노구를) 선물하는 것은 불길한 일이다. 누군가에게 날카로운 물건을 주는 것이 관계의 '단절'을 상징한다고 생각하기 때문이다. 불운을 피하려면 받는 사람이 반드시 가위에 대한 '값을 치러야' 한다. 이때는 대개 잔돈을 준다. 잉글랜드에서 이 미신에 관한 초창기 자료가 발견되는 시기는 1650년대지만 가장 최근 자료를 찾아보면 1979년에 발간된 잡지에서도 똑같이 언급되고 있다. '신축 가정학 센터를 개장하기 위해 리본을 자른 뒤에, 여왕은 아무런 악의 없이 날카로운 물건을 전달한다는 것을 나타내려고 전통적인 [6펜스 화폐]와 함께 가위를 돌려주었다.'

신년 축제 기간 동안 중국인들이 금기시하는 것 중에는 가위를 쓰는 것도 포함된다. 다툼 없이 한 해를 지내고 싶다면 음력 정월 내내 가위를 써서는 안 된다. 이집트와 파키스탄에서는 아무것도 자르지 않고 가위를 벌렸다 오므리거나 가윗날을 벌린 채 두면 불운이 찾아온다고 생각한다.

가위는 긍정적인 부적이 될 수도 있다. 어쩌면 가위를 벌려서 십자 표시를 만들 수 있기 때문일지도 모른다. 아니면 쇠로 만든 물건이기 때문일 수도 있다. 악령을 쫓기 위해서 갓난아기의 침대나 현관 깔개 아래에 가위를 넣어두거나 벽 속에 숨기기도 했다. 또 베개 밑에 가위를 두면 잠을 푹 자도록 해준다는 말도 있었다. 북유럽 신화에서 바이킹은 죽은 뒤에 가슴에 가위를 올린 채 매장되어 귀신으로부터 육신을 지켰다.

그리스 신화에서 운명의 세 여신 중 하나인 아트로포스는 가위로 운명의 실타래를 잘라 사람들의 생명을 끝낸다고 전해진다. 그것은 강렬한 은유다. 가위는 자르고 파괴하고 줄인다. 하지만 새로운 것을 창조하도록 도와주기도 한다. 그러한 이중적 정체성을 가진 일상용품은 사람을 불안하게 만들었을 뿐 아니라, 미신을 부여하는 데에도 알맞았을 것이다.

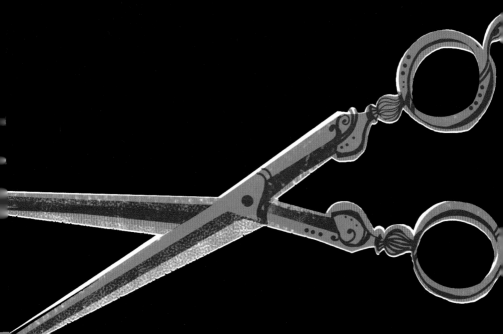

실내에서 우산을 펴면 불길하다

영국인들은 우산을 전형적인 영국인의 물건이라고 생각하지만 우산을 둘러싼 미신들은 잉글랜드의 시골 지역부터 중국 본토를 아우를 정도로 놀랍도록 보편적으로 발견된다. 그리고 이러한 미신들은 고대 이집트의 신앙 체계에서 기원하는 것일지도 모른다.

우산은 수천 년 동안 우리 곁에 있었고, 그 시작은 햇빛가리개였다. 이집트의 상형문자에는 우산 기호가 있는데, 이것은 대략 '그늘'이나 '그림자'로 번역된다. 일부 문헌에서는 그 기호가 백성들에 대한 파라오의 보호와 지배를 나타낸다. 평범한 이집트인들에게 우산은 파라오를 연상시키는 물건이었을 것이다. 매리언 랭킨이 《브롤리올로지(Brolliology)》에서 언급한 것처럼 '오늘날에도 대관식에서 가장 신성한 순서인 기름 부음을 진행하는 동안 영국 군주의 머리 위로는 캐노피(덮개, 차양 따위)가 떠받들어진다. 이 관습은…… 캐노피와 왕위와 신성을 이어주며 고대 이집트인들의 신앙으로 곧장 연결된다.'

우산 상형문자에는 또 다른 의미가 있다. 고대 이집트인들은 영혼이 죽음을 이겨낸 여러 요소로 만들어졌다고 믿었다. 그 구성요소 가운데 카이빗(khaibit)은 사람의 그림자로 육신에서 분리되어 사후세계를 여행할 수 있다. 따라서 이집트인들에게 우산은 영적 중요성의 상징이고, 왕의 권력을 효과적으로 상기시키는 동시에 무덤 너머 삶을 가리키는 역할도 한다. 사실 동남아시아와 오스만 제국, 사하라 이남의 아프리카 지역을 비롯한 여러 문화에서 우산과 죽음, 정령의 개념이 연결되어 있다.

실내에서 우산을 펴면 불운을 가져온다는 유럽인들의 생각은 그저 상식 수준에서 비롯된 것일지 모른다(초기의 접이식 우산은 제멋대로 펴지는 경우가 많았다.). 하지만 그 미신은 악천후에 뒤따르는 물건이라는 우산의 용도에서 유래했을 수도 있다. 민속 신앙에서는 서로 반대되는 개념의 쌍에서 어느 쪽에 속하는지 판단하는 것으로 물건들을 분류하는 경우가 많다. 예를 들면 어떤 물건은 남성적인 것과 여성적인 것 중의 하나이거나, 순결한 것과 불결한 것 중의 하나이다. 우산은 '실외'의 물건으로 실내에는 자리가 없다. 우산은 혼란스럽고 예측 불가능한 바깥 날씨의 속성을 실내로 끌어들일지도 모른다(실내에서 모자를 쓰면 불길하다는 것도 유사한 세계관에서 기인한다.). 우산은 궂은 날씨를 위한 것이고, 실내에 우산을 가지고 들어오는 것은 거주자에게 불운이 '쏟아져 내리도록' 부추기는 행위다. 흥미롭게도 선원들도 이와 유사한 미신을 믿는다. 우산을 가지고 승선하면 배가 불운을 불러들여 악천후가 닥칠 수 있다는 것이다.

중국에서는 친구에게 절대로 우산을 주면 안 된다. 우산의 '산(傘)'은 헤어진다는 의미의 '산(散)'과 발음이 비슷해서, 친구에게 우산을 주는 것은 우정을 끝장내거나 서로 다시 보지 않겠다는 의미이기 때문이다.

구멍 난 돌 해그스톤

옥스퍼드의 피트 리버스 박물관에 있는 어두운 유리 진열장에는 구멍이 하나 뚫린 작고 매끄러운 돌이 놓여 있다. 그 위에는 누군가가 작은 글씨로 이렇게 적어놓았다. '마녀를 쫓기 위해 문에 걸어 두는 구멍 난 돌. 러시모어, 윌트셔.' 이것이 해그스톤(hagstones), 즉 구멍 난 돌이다. 박물관에서 소장하고 있는 19세기 말 무렵의 해그스톤 세 점 중 하나다.

살무사 돌, 마녀 돌, 암말 돌, 뱀 돌, 도비 돌이라고도 부르는 해그스톤은 자연적으로 생긴 구멍이 있는 조약돌이다. 긴 세월 낙숫물에 노출되어 뚫렸거나 돌맛조개라는 연체동물이 부지런히 파고들어 생긴 구멍이다. 해그스톤은 오랫동안 신비하게 여겨졌고 (가장 오래된 예는 기원전 2000년 고대 가자에서 찾을 수 있다.) 농가나 외양간 문, 침대 기둥과 뱃머리에 걸려 있곤 했다.

사람들은 해그스톤이 뱀의 침이 딱딱하게 굳어 생긴 것이라고 믿었다. 또한 부적이나 행운의 장식으로 여기고, 마녀나 꼬마 요정의 관심으로부터 벗어날 수 있도록 도와주리라고 생각했다. 농부들은 심술궂은 정령들이 밤에 말을 훔쳐 타지 못하게 하려고 구멍 난 돌을 마구간에 걸어두었다.

악몽을 꾸거나 가위에 눌리지 않으려고 침대 위에 걸어두기도 했다. 한때는 마녀나 악귀와 같이 해로운 초자연적 존재가 악몽을 꾸게 만든다고 믿었다. 어부들은 구멍 난 돌을 배에 달아서 선박의 안전을 기원했다. 호신 부적용으로 작은 해그스톤을 줄에 꿰어 목에 걸거나 주머니에 넣고 다니기도 했다. 심지어 주택 벽에 숨겨두는 경우도 있었다.

해그스톤을 믿는 것이 구태의연해 보일지 몰라도, 사람들은 여전히 특정한 물건이 행운을 가져다주거나 해를 입지 않게 지켜준다는 생각을 가지고 있다. 그런 믿음의 배후에 깔린 근거가 빈약한 까닭에 서구 세계에서는 이전보다 소수의 사람들만이 마녀와 악령을 믿는다. 하지만 그 효과는 진실할 수 있다. 행운의 부적을 믿는 것이 결과에 긍정적인 영향을 끼칠 수 있다는 사실은 연구를 통해 거듭 입증되고 있다. 행운이 자신의 편이라고 믿는 사람들에게는 자기효능감이 더욱 커진다는 이론이다. 다시 말해 운이 좋다고 느끼면 다가올 도전을 더욱 잘 수행할 가능성이 높다고 한다.

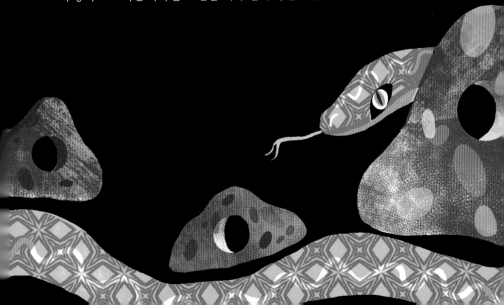

보름달은 사람을 미치게 한다?

미치광이를 뜻하는 영단어 'lunatic'은 어디에서 유래했을까? 그것은 정신이상이나 간질과 같은 특정한 질병이 보름달 때문에 유발되었다고 여기는 미신에서 비롯되었다. 미친 것처럼 약간 이상한 상태를 표현하는 말 'moonstruck' 역시 기원이 같다.

그리스 철학자 아리스토텔레스와 로마 역사가 대 플리니우스는 둘 다 인간의 몸이 달의 영향을 받기 쉽다고 생각했다. 모든 장기 중에서도 뇌는 가장 수분이 많아서 마치 조류처럼 태음 주기에 영향을 받을 수 있다고 여겼다. 중세 시대에도 그 믿음은 지속되었고, 당시에는 보름달이 몇몇 사람들을 늑대 인간이나 흡혈귀로 변신시킬 수 있다고 믿었다. 실외에서 자는 사람들과 정신 장애를 가진 사람들 역시 보름달이 떠 있는 동안에는 위험에 빠진다.

놀랍게도 그 믿음은 가장 어울리지 않는 곳에서 아직도 지속되고 있다. 많은 의료 종사자와 경찰직 종사자들이 보름달이 뜬 기간에 기이한 행동이 증가한다고 믿는다는 것을 수많은 연구 결과가 증명한다. 예를 들어 2007년 여름 어느 보름달이 뜬 밤, 영국의 한 경찰국에서는 폭력 등의 사건이 증가할 것을 대비하여 더 많은 경찰력을 배치했다. 이들이 근거 삼은 자료는 폭력 사건과 보름달 사이의 연관성을 보여주는 연구 결과였는데 알고 보니 그 연구는 단지 경찰 한 명의 확신에 찬 경험에서 비롯된 것이었다.

인간의 몸을 구성하는 것은 대부분 물이다. 그래서 최근 몇 년간 '달로 인한 정신이상(lunar lunacy)'을 연구하는 사람들 중에는 달이 인간의 뇌와 신경 체계에 어떤 영향을 미치는지 알아보려는 사람도 있었다. 심지어 그 영향이 분자 수준의 미미한 것이라 해도 그들은 개의치 않고 뭐든 증거를 찾으려고 했다. 그러나 과학적인 답은 '아무 상관없다.'였다. 또 다른 주장이 있을 수 있다. 과거에는 보름달이 실외에서 자거나 창문을 가리지 않고 자는 사람들의 수면 품질을 떨어뜨릴지 모른다고 생각했다. 특히 양극성 장애나 조현병이 있는 사람들에게 수면 부족은 일시적으로 증상을 더 악화시킬 수도 있고, 보름달 시기의 끔찍한 행동을 증가시켰을지도 모른다.

그러나 최근 발표된 연구 결과는 아직 끝나지 않은 이 논쟁에 다시금 불을 지핀다. 연구에 따르면 우리 모두 체내에 '일광 생체 시계'를 가지고 있는 것처럼, 우리의 행동과 수면 양식에 영향을 끼치는 고대의 '달 시계'가 있을지도 모른다고 한다. 과학자들은 보름달 시기에는 다른 때와 비교하여 연구 참여자들이 잠이 드는 데 더 오랜 시간이 걸렸고, 멜라토닌 분비도 감소했으며, 잠도 더 설쳤다는 사실을 발견했다. 게다가 이러한 변화는 달을 보는 것 때문이 아니라 선천적이고, 몸속 깊이 배어 있는 어떤 요인에 의해 촉발된다는 것이다. 하지만 왜 이런 현상이 발생하는지는 여전히 수수께끼로 남아 있다.

심장에 핀을 꽂아 마녀의 저주 풀기

1812년 스코틀랜드 외양간의 판판한 돌바닥 밑에서 부적 하나가 발견되었다. 그것은 소의 말린 심장이었는데 표면에는 띄엄띄엄 핀이 박혀 있었다. 당시 그 지역에 살던 한 여성은 심장을 보고 50년 전에 소에게 끔찍한 질병이 발생했던 일을 기억해냈다. 그녀의 주장에 따르면 그 질병은 마법으로 인해 일어난 것이었고, 유일한 치료방법은 대항 주문으로 '심장과 핀' 마법을 행하는 것이었다.

무척 이상해 보이기는 하지만 그 주문은 20세기 들어서까지 영국 민속문화에서 꽤나 자주 나타난다. 영국 전역의 박물관에는 소, 양, 개, 돼지, 토끼, 비둘기에게서 나온 구멍 뚫린 심장들이 소장되어 있다. 영국 동북부 스카버러의 해안 마을에는 핀이 꽂힌 갈매기의 심장도 있다.

심장에 구멍을 뚫는 것은 마녀의 저주에 대항하기 위한 주문 의식으로 여겨졌다. 이 상징적이고 공격적인 행동은 마녀를 고통에 빠뜨리는데 그 고통은 마녀가 저주를 풀어야만 멈출 수 있었다.

기독교가 등장하고 나서도 많은 사람들이 세대를 통해 전승된 이교적 신앙을 유지했다. 종교와 마법은 수천 년 동안 불편한 관계를 유지하고 있었다. 그리고 심장은 신체의 모든 장기 중에서도 가장 중요한 부분이었다. 수세기 동안 심장이 신체를 제어한다고 생각되었다. 예를 들어 기원전 4세기에 그리스 철학자 아리스토텔레스는 지능과 감정과 감각 활동이 이루어지는 곳은 심장이라고 생각했다. 반면 뇌는 그저 심장을 식히기 위해 존재하는 보조적 신체부위에 불과했다.

심장 중심적 신체관을 가진 이들은, 심장이 단지 사랑을 느낄 뿐 아니라, 증오와 시기 등을 비롯한 강렬한 감정까지 느끼는 장기라고 주장했다. 그러므로 그렇게 강력한 장기는 마법이 집중하기에 완벽한 대상이었다. 사람들은 바람둥이 연인에게 복수하거나 누군가를 억지로 사랑에 빠뜨리기 위해 심장에 핀을 꽂아 마법을 걸었다. 진짜 심장을 찾지 못할 때는 천으로 만든 심장에 핀을 꽂기도 했다. 이런 직물 심장은 병에 담긴 채로 혹은 집 안에 감춰진 상태로 종종 발견되었다.

우리는 이제 뇌가 감정의 중심임을 알지만 이상하게도 심장에 '감정'이 있다는 발상은 계속 이어지고 있다. 'heartbroken'이나 'heartstruck'과 같은 영단어는 글자 그대로는 심장을 다쳤다는 것이지만 상심한 감정을 의미하며 여전히 사랑의 고충을 묘사해준다. 그리고 어려운 선택을 해야 하는 상황에서는 '머리를 따를 것인지 심장을 따를 것인지' 고민한다고 표현한다.

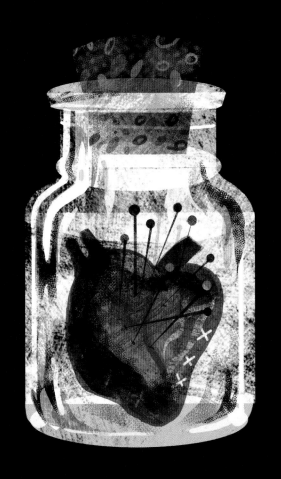

내 아이가 아니라고?
아이 바꿔치기

1690년, 스웨덴의 고틀란드 섬에서는 남녀 한 쌍이 재판에 회부되었다. 크리스마스이브에 병약한 열 살짜리 아이를 분뇨 무더기에 방치한 죄였다. 소년은 유독성분에 노출되어 사망했지만 부모들은 뉘우치지 않았다. 그들은 그 아이가 실은 친자식이 아니라 '바꿔치기 당한 아이'로, 진짜 아들은 태어나자마자 요정이 훔쳤고, 그 자리에는 요정의 아기가 남겨졌다고 항변했다.

요정이 아기를 훔쳐가고 대신 자신들의 아기를 두고 간다는 믿음은 유럽과 그 밖의 지역에 걸쳐서 보편적으로 퍼져 있었는데 심지어 1960년대까지도 그런 사례가 종종 보고되었다. 아이를 훔쳐가는 정령은 영국, 아일랜드, 프랑스, 그리스와 그 너머 지역의 이야기에서 반복적으로 등장한다. 예컨대 '바꿔친 아이(changeling)'가 독일에서는 'Wechselbarg', 네덜란드에서는 'wisselkind', 발리에서는 'bajang cholong'이라고 알려졌다.

부모들은 바꿔치기가 일어난 것을 어떻게 알아차렸을까? 건강하고 온순한 아기가 갑자기 성장을 멈추거나 까다로워졌다면 의심스러웠을 것이다. 안타깝게도 그 민속 문화에서 '치유법'은 바꿔치기 당한 아이를 학대해 쫓아버리는 것이었다. 바꿔치기 당한 아이는 매를 맞거나 굶주리거나 혹은 집밖이나 불가에 방치된다. 나쁜 정령을 몰아내고 원래 아이가 무사히 돌아오기를 바라는 마음에서 하는 일이지만 말할 필요도 없이 그런 일은 절대 이루어지지 않는다.

그토록 잔인한 미신은 현대인에게는 야만적으로 보인다. 그러나 이 미신 이야기는 당시 사람들에게 왜 어떤 아기들은 건강한 어른으로 자라지 못하는지 납득할 만한 원시적인 설명을 제공해주었다. 심각한 정신 이상이나 신체적 기형이 있는 어린이들도 태어날 때는 '정상'으로 보이는 경우가 많다. 아이 바꿔치기 신화는 부모들에게 답을 주고, 몸이 좋지 않거나 결함이 있는 아이를 어떻게 해야 하는지 해결책도 제시해준다. 비록 잔인하지만 말이다. 그리고 바꿔치기 당한 아이가 학대의 결과로 숨지면 부모들은 노동력 없는 가족 구성원을 돌봐야 하는 부담에서 자유로워진다.

　민담에 따르면 아기는 출생과 세례 사이의 기간에 정령의 영향을 받을 위험이 가장 높다. 아기가 태어나서 맞이하는 첫 몇 주간이 결정적인 시기다. 이 시기에 아기를 몰래 훔쳐가는 일이 없도록 어머니는 특히 아기 가까이에 붙어 있어야 한다. 요정들이 쇠를 몹시 싫어한다고 알려진 것이 사실이기를 바라면서, 부젓가락이나 말편자, 가위 같은 부적을 요람에 넣어두기도 한다. 또 성경이나 기도서를 아이의 베개 밑에 두거나 코담배와 후추를 이용해 아기가 재채기를 하도록 만들기도 했다.

믿긴 싫지만 너무 궁금한
미신 이야기

초판 1쇄 인쇄 2020년 11월 1일
초판 1쇄 발행 2020년 11월 1일

지은이 샐리 쿨타드
그린이 칼 제임스 마운트포드
옮긴이 서나연
펴낸이 홍석문

편   집 권병두
디자인 엔드디자인

펴낸곳 탬
출판등록 2018년 10월 12일 제2018-000284호
주소 서울시 마포구 독막로7길 20 JP빌딩 401호
전화 070.4821.0883 팩스 02.6409.3055
이메일 taembook@naver.com 홈페이지 www.taem.co.kr
인스타그램 instagram.com/taem_book

한국어출판권 ⓒ 탬, 2020
ISBN 979-11-971481-1-8 03900